Nikolaus B. Enkelmann

Power
für die Jugend

Nikolaus B. Enkelmann

Power
für die Jugend

Ratgeber für 13- bis 16jährige

Die Deutsche Bibliothek - CIP-Einheitsaufnahme

Enkelmann, Nikolaus B.:
Power für die Jugend : Ratgeber für 13- bis 16jährige / Nikolaus
B. Enkelmann. - München ; Landsberg am Lech : mvg-verl., 1994
    (mvg-Paperbacks ; 501)
    ISBN 3-478-08501-2
NE: GT

Das Papier dieses Taschenbuchs wird möglichst umweltschonend her-
gestellt und enthält keine optischen Aufheller.

Umschlaggestaltung: Gruber & König, Augsburg
Zeichnungen: Gabi Böttcher
Satz: Fotosatz H. Buck, 84036 Kumhausen
Druck- und Bindearbeiten: Presse-Druck Augsburg
Printed in Germany 080 501/794602
ISBN 3-478-08501-2

Inhalt

Kapitel 1:
Der Erfolg liegt in Deinen Händen

Etwas über dieses Buch

Dieses Buch kann Dir helfen, erfolgreich zu sein. Es kann Deine Noten in Mathematik oder Englisch oder irgendeinem anderen Fach verbessern. Es kann Dir helfen, Freunde zu gewinnen und mit Deinen Eltern besser auszukommen. Es hilft Dir, weniger zerstreut zu sein und Dich besser auf eine Sache zu konzentrieren. Es lehrt Dich, frei zu reden, Hemmungen zu überwinden, entspannt und guter Laune zu sein. Bei allem, was Du erreichen möchtest, kann es Dich unterstützen und zum Ziel führen – vorausgesetzt, Dein Ziel ist realistisch. Wenn Du zum Beispiel unmusikalisch bist, schlag Dir die Idee aus dem Kopf, ein zweiter Karajan zu werden! Bist Du jedoch musikalisch, aber das Klavierüben ist eine Qual für Dich, dann wird dieses Buch Dir helfen können.

Du hast jetzt einen neuen Helfer auf Deinem Weg!

Denn wenn Du wirklich willst, wirst Du ganz bestimmt Erfolg haben – in der Schule, in der Lehre, bei anderen Menschen!

Dieses Buch ist Dein wichtigster Helfer auf diesem Weg und gehört darum an Deinen Arbeitsplatz wie der Duden oder das Lexikon. Du sollst es nicht durchlesen wie einen Krimi (Leichen kommen sowieso nicht vor!), sondern es Dir immer wieder vornehmen und Dir genau die Ratschläge und Anregungen holen, die Du gerade brauchst.

Das fängt schon beim Inhaltsverzeichnis an. Stell Dir vor, es wäre eine Speisekarte. Du wählst das Gericht, das Du gerne essen möchtest, sorgfältig aus und bestellst es Dir. Das Kapitel, das Dich am meisten interessiert, liest Du also zuerst: Wenn Du Dich einsam fühlst – das Kapitel sechs. Wenn Du alle möglichen

Sachen anfängst und nie wirklich zu Ende führst – den Abschnitt über Konzentration. Fühlst Du Dich lahm und schlapp – das Kapitel „Dein Körper".

Hilfe zur
Selbsthilfe –
aber Du mußt
schon etwas
tun!

Beginne mit Hilfe dieses Buches, an Dir zu arbeiten. Du wirst merken, wieviel Spaß das macht. Du mußt Dich besser kennenlernen, Dich verändern, mußt eine neue Einstellung zu Dir und anderen Menschen finden, denn dieses Buch ist kein Wunderbuch! Wenn es ungelesen im Bücherregal steht, nützt es Dir gar nichts. Es hilft Dir nur, wenn Du bereit bist, Dir selber zu helfen. Es zeigt Dir zwar die Wege zum Ziel, es zeigt Dir aber auch Abkürzungen und gibt Dir eine Menge Tips und praktische Anregungen, schneller voranzukommen; aber gehen mußt Du alleine! Dieses Buch bietet Hilfe zur Selbsthilfe. Es ermutigt Dich, Deine Probleme zu lösen, erklärt Dir, wie Du's machen kannst. Und bitte – Du hast hier keinen „Schmöker" vor Dir, sondern ein Arbeitsbuch. Benutze es auch als Arbeitsbuch, indem Du mit einem Markierstift arbeitest.

Damit kannst Du die Sätze und Anregungen, die Dir besonders wichtig erscheinen, markieren. Beim einfachen Durchblättern wirst Du später automatisch immer wieder auf diese Stellen stoßen und sofort „mittendrin" sein in den Leitlinien, die Dich unschlagbar machen. Natürlich kannst – und sollst! – Du Dir auch Randnotizen machen, dicke Ausrufezeichen zum Beispiel, wenn Dir etwas sehr zusagt und Du vielleicht das gleiche schon immer gedacht hast. Und die Listen und Tabellen sind nicht zum Lesen oder Schönfinden da, sondern zum Ausfüllen und Erarbeiten. Wir wollen, daß dieses Buch Dir hilft, Dich unterstützt und weiterbringt. Deshalb sollte sein Platz auf Deinem Schreibtisch oder auf Deinem Nachtschränkchen sein – nicht im Bücherregal.

Alle Ratschläge sind in der Praxis ausprobiert worden. In vielen Kursen und Gesprächen haben wir alten und jungen Menschen, Schülern und Lehrern, Arbeitern und Industriemanagern unsere Erfolgsmethode beigebracht. Es ist nämlich falsch, zu glauben, daß Erfolg dasselbe ist wie Zufall. Erfolg fällt niemandem in den Schoß. Jeder muß dafür arbeiten und unzählige Irrtümer und Schwierigkeiten überwinden. Oder dachtest Du, daß nur Du allein Probleme hast? – Der Unterschied zwischen dem Erfolgreichen und dem Erfolglosen ist der, daß der eine gegen die Schwierigkeiten ankämpft und sie schließlich besiegt und der andere sein Leben lang auf ein Wunder wartet.

Wie gesagt, wir versprechen keinem unserer Leser, Karajan oder Einstein aus ihm zu machen, und keiner Leserin, ein Filmstar oder so bedeutend wie Indira Ghandi zu werden, aber dieses Buch kann aus einem schlechten oder mittelmäßigen Schüler einen guten Schüler machen und aus einem „Mauerblümchen" einen beliebten Mitmenschen, über den sich jeder freut. Dieses Buch hilft Dir, okay zu sein und jedes Ziel zu erreichen, das Du erreichen willst.

Nie mehr „Mauerblümchen"

Die Randbemerkungen sollen Dir bei der Orientierung helfen. Sie geben Stichworte und weisen darauf hin, was Dich im nächsten Absatz erwartet.

Wenn Du später einmal das Buch durchblätterst (was Du immer mal wieder tun solltest!), kannst Du schon aufgrund der Randbemerkungen schnell erkennen, was Dich gerade besonders interessiert, was Du wieder einmal „auffrischen" und wiederholen könntest. Außerdem ist am Rand genug Platz für Deine eigenen Notizen. Ein Tip: Verwende farbige Stifte für Deine Notizen. Zum Beispiel kann die Farbe Rot bedeuten: „Wichtig!" Blau = „Das bestätigt, was ich schon immer denke", Grün = „Damit bin ich (noch) nicht einverstanden, aber ich werde den Gedanken von Zeit zu Zeit überprüfen."

Das sind nur Anregungen. Entwickle Dein eigenes Arbeitssystem, laß Deine Phantasie spielen. Solltest Du dieses Buch nur geliehen haben, mußt Du Deine Notizen natürlich auf ein Extrablatt machen. Lege Dir ein Heft an, in dem Du die wichtigsten Anregungen notierst und markierst. So – und jetzt geht's los!

Tausend Chancen überall

Manchmal kommt es Dir vielleicht so vor, als ob Du auf dieser Welt überhaupt nicht gebraucht würdest, als ob es für Deinen Tatendrang keine interessanten Ziele mehr gäbe. Fast alles scheint erforscht zu sein: Die weißen Flecken auf den Landkarten sind verschwunden; der Mond ist so bekannt wie unsere Erde; die meisten Krankheiten können wirksam bekämpft werden; ein Mittel gegen Krebs wird bald gefunden sein; alle guten Bücher sind schon geschrieben und alle Symphonien komponiert worden.

Aber das ist natürlich ganz falsch. Im Gegenteil — noch nie stand die Menschheit vor ernsthafteren Problemen, die schnellstens gelöst werden müssen, wenn unser Planet nicht zu einer menschenleeren Wüste werden soll. Du kannst täglich darüber in der Zeitung lesen unter Überschriften wie — Überbevölkerung, Welternährungskrise, Umweltverschmutzung, wachsende Kriminalität, Atomgefahr, Energiekrise und Rohstoffknappheit.

Die Welt ist voller Probleme. Was kannst Du tun?

Um diese Gefahren zu bannen, wird in Zukunft jede gute Idee und jeder intelligente Vorschlag gebraucht. Einsatzfreude, Hilfsbereitschaft, Ausdauer und Phantasie sind an allen Ecken und Enden gefragt. Die Welt ist voller Probleme — aber deshalb auch voller Chancen, die überall auf Dich warten.

Wer kocht schmackhafte Gerichte aus Algen?
Wer hilft behinderten Kindern?
Wer rettet Kunstschätze vor dem Verfall?
Wer setzt sich für aussterbende Tierarten ein?
Wer findet einen neuen Treibstoff für Autos?
Wer kann die Leute zum Lachen bringen?
Wer schreibt Gedichte und Kurzgeschichten?

Merkst Du was? Die Welt ist voller Möglichkeiten, und Du kannst unsere Frageliste beliebig verlängern:

Probleme	Mögliche Lösungen

Die großen und interessanten Persönlichkeiten der Zukunft, die Männer und Frauen, die die Welt von morgen gestalten werden, sind heute noch jung und unbekannt. Wer – außer Dir selbst – könnte Dich daran hindern, zu Ihnen zu gehören? Du wirst gebraucht – dringend sogar!

Achtung! Vor Miesmachern wird gewarnt!

,,Daraus wird nie was!"
,,Das kannst du doch nicht!"
,,Das kann gar nicht gutgehen!"
,,Das klappt bestimmt nicht!"

Solche dummen Sprüche kannst Du überall und dauernd hören, und die Miesmacher werden richtig fröhlich, wenn sie damit anderen den Wind aus den Segeln nehmen können. Jedes bißchen Lebensfreude, jeder Schwung, alle guten Ideen sind für den Teufel, wenn man sich von vornherein immer die schlechtesten, schwärzesten, negativsten Möglichkeiten ausmalt und in jedem Apfel den Wurm und in allen Suppen ein Haar sucht.

Wie kann ich mit Miesmacherei umgehen?

Die Welt hat eine Menge Fehler, aber sie ist schön! Jedenfalls die schönste, die wir haben. Lach darum den Schwarzmalern ins Gesicht, und laß Dich nicht von ihnen anstecken. Beweise ihnen, daß sich aus jeder Situation etwas machen läßt. Nimm zum Beispiel einen verregneten, kalten Sommertag in den Ferien. Natürlich wäre es viel schöner, bei Sonnenschein im Schwimmbad zu liegen oder segeln zu gehen. Aber Du bist keinesfalls ans Haus „gefesselt", wie der Miesmacher es ausdrücken würde. Nimm Gummistiefel und Regenmantel und zieh los. Wate durch Pfützen und schöpfe lachend frische Luft – Du wirst sehen, ein Spaziergang bei strömendem Regen ist ein Superspaß! Und hinterher ist Dein Zimmer irrsinnig gemütlich. Du kannst endlich die Bildbände anschauen, die Du Dir aus der Bibliothek geholt hast, kannst schwierige Handgriffe auf Deiner Gitarre üben, bis die Akkorde wirklich gut klingen, Platten hören, Freunde zum Diskutieren oder Rumalbern einladen – es gibt -zig Möglichkeiten, an einem solchen Tag nicht sauer vor dem Fernseher zu hocken und sich über die ewigen Wiederholungen im Sommerprogramm zu beklagen.

Miesmacherei ist Sabotage! Streiche Sätze wie „Das kann ich nicht!", „Ich langweile mich zu Tode!" aus Deinen Gesprächen. Wer sich langweilt, ist selber langweilig. Wer sich nichts zutraut, schafft auch nichts. Hab Mut! Hab Selbstvertrauen! Sei originell! Was Du Dir zutraust und in allen Einzelheiten vorstellen kannst, das schaffst Du auch. (Und sollte doch irgend etwas danebengehen, dann nicht etwa, weil der Miesmacher recht hatte, sondern weil Du einen Fehler gemacht hast. Den verbesserst Du sofort, fängst von vorne an – und schaffst es beim nächsten Anlauf!) Meide Miesmacher wie die Pest.

Welche Miesmacher kenne ich?	Was sagen oder tun sie?	Wie kann ich darauf reagieren?

Die Suche nach Troja

Ein Beispiel dafür, daß Du das Unmögliche möglich machen kannst, daß Träume wahr werden können, wenn Du sie mit Energie und unerschütterlichem Glauben zu verwirklichen suchst, hat der deutsche Archäologe Heinrich Schliemann gegeben.

Er wurde vor 170 Jahren als Sohn eines Pfarrers in Norddeutschland geboren und war als Junge das, was man eine Leseratte nennt. Unter den vielen Büchern seines Vaters hatten es ihm zwei besonders angetan, nämlich die ,,Ilias" und die ,,Odyssee".

Das sind Versdichtungen, in denen der griechische Dichter Homer um das Jahr 900 v. Chr. die Geschehnisse des Trojanischen Krieges und die Heldentaten der alten Griechen beschrieben hatte. Heinrich Schliemann — er war etwa zehn Jahre alt — zweifelte nicht einen Augenblick daran, daß alles, was Homer berichtete, tatsächlich geschehen war, und er nahm sich vor, später einmal die Stadt Troja zu besuchen.

Die Geschichte von Heinrich Schliemann: Ein Traum war stärker als alle Miesmacher

Als er den Erwachsenen von seinem Plan erzählte, lächelten sie nachsichtig. „Ja, weißt du denn nicht", sagten sie, „daß die Geschichten vom Trojanischen Krieg nur Sagen sind und daß es die Stadt Troja niemals gegeben hat? Das ist wissenschaftlich einwandfrei bewiesen! Von Troja hat man niemals auch nur einen Stein gefunden, und alles entstammt nur der Phantasie Homers."

Zuerst war die Enttäuschung des Jungen grenzenlos, aber je öfter er in den beiden Büchern las, desto sicherer wurde er, daß sich die Erwachsenen (und die Wissenschaftler!) irren mußten. In seinen Träumen wurde aus der Reise nach Troja allmählich die Suche nach Troja. Heinrich nahm sich vor, die Stadt zu finden und zu beweisen, daß die Dichtungen Homers historische Tatsachenberichte sind, die nicht nur im großen und ganzen, sondern auch in Einzelheiten die Wahrheit überliefern.

Die Chancen für die Verwirklichung dieses Planes standen jedoch alles andere als gut: Heinrich Schliemann verlor sehr früh seine Eltern und kam als Waisenkind zu einem Onkel, in dessen Krämerladen er die Kaufmannslehre machte. Zwischen Heringsfässern und Kartoffelsäcken schien Troja für ihn weiter entfernt als der Mond. Wenn er an den edlen Odysseus oder die Goldschätze des Priamos dachte, mag er von seinem Onkel manche Kopfnuß eingesteckt haben, weil dem natürlich das genaue Gewicht seiner Zuckertüten wichtiger war als die „griechischen Spinnereien" seines Neffen.

Wir können nicht die ganze Lebensgeschichte Heinrich Schliemanns ausführlich erzählen. Dafür reicht der Platz nicht. Aber sie ist atemberaubender als jede Detektivstory, und Du solltest ein Buch über Schliemann unbedingt auf Deinen Lesezettel setzen. Hier nur das, was für uns im Moment interessant ist. Obwohl Schliemann nur kurze Zeit eine höhere Schule besuchte, brachte er sich selber Altgriechisch (eine sehr schwere Sprache) bei, um die Werke Homers nicht nur in der deutschen Übersetzung, sondern im Original lesen zu können. Er verschaffte sich außerdem alle Bücher über Archäologie, die er bekommen konnte, und lernte aus Ihnen nicht nur das ABC dieser Wissenschaft, sondern vor allem, daß Ausgrabungsexpeditionen eine Menge Geld kosten. Und da er arm war, ,,beschloß er, reich zu werden'', denn anders würde er niemals nach Troja kommen. Er verließ den Krämerladen seines Onkels und arbeitete sich als Kaufmann in einem Amsterdamer Handelshaus empor. Als er genügend Geld beisammen hatte, gründete er eigene Firmen in Rußland und Amerika und war schließlich – mit 41 Jahren – mehrfacher Millionär. Jetzt zog er sich aus dem Geschäftsleben zurück und widmete sich nur noch der Verwirklichung seines Jugendtraumes: Troja auszugraben.

Wie diese fast märchenhafte, aber wahre Geschichte endet, wissen wir alle: Schliemann fand die Stadt – die es nach Meinung der damaligen Wissenschaftler gar nicht gegeben hatte – an genau der Stelle, wo sie nach der 3.000 Jahre alten Beschreibung Homers liegen mußte. Aber nicht nur das. In den Ruinen der Stadt entdeckte er auch die ,,sagenhaften'' Goldschätze der trojanischen Könige, von denen er im Laden seines Onkels so oft geträumt hatte.

Das Wichtigste für Dich ist Dein Erfolg

Wir haben die Geschichte von Heinrich Schliemann hier nicht erzählt, um Dir das Beispiel von einem Bilderbuchhelden oder Superstreber zu geben, sondern um Dir zu zeigen, was Du allen Widerständen zum Trotz erreichen kannst, wenn Du wirklich willst, wenn Du nicht lockerläßt und bei Schwierigkeiten nicht gleich aufgibst.

Du meinst, Troja wäre entdeckt und es gäbe kein zweites mehr? Da irrst Du aber – und zwar gewaltig. Gerade erst haben italienische Wissenschaftler im syrischen Hochland die seit 4.000 Jahren vergessene Kö-

Erkenne Deine Möglichkeiten und Chancen!

nigstadt Ebla ausgegraben, von der man nur aus einigen babylonischen Urkunden und einer Erwähnung im Alten Testament wußte. Niemand hatte ernsthaft damit gerechnet, diese Stadt zu finden.

Und nicht nur in der Archäologie, auf jedem Gebiet des Lebens gibt es noch unzählige Trojas und Eblas zu entdecken und zu erforschen, denn Troja ist nur ein anderes Wort für Ziel.

Dein Ziel bestimmst Du selbst.

Es hängt nur von Dir ab, ob Du es findest und wie Du es erreichst. Glaube nicht, daß Du nicht viel tun kannst, wenn Du allein und machtlos bist. Auf den einzelnen — auf Dich — kommt es an. Wenn Deine Begeisterungsfähigkeit und Deine Leidenschaft groß genug sind, dann wirst Du andere damit anstecken und Helfer und Förderer finden.

Aber Du mußt selber lernen, das heißt, Deine Möglichkeiten richtig einschätzen und Deine Chancen erkennen. Das erreichst Du durch genaues Beobachten, gründliches Nachdenken und Meditation.

Übernimm nicht ohne weiteres die Meinung anderer.

Meinungen und Urteile Deiner Freunde, Eltern und Lehrer, die Du ungeprüft als richtig anerkennst und nachbetest, sind Vorurteile. Sie verstellen Dir den Blick und vernageln Deinen Kopf. Nur wer eine Sache, einen Menschen oder ein Ereignis objektiv und vorbehaltlos beurteilt, sieht hinter die Dinge.

Sei kein ständiger Jasager!
Sei kein ständiger Neinsager!
Sei kein Mitläufer!
Sei Du selbst!
Nur so kannst Du Erfolg haben!
Entdecke Deine Talente!

Niemand kann auf allen Gebieten gut sein und Erfolg haben. Unser Gehirn hat eine gewaltige Speicherkapazität, mit der wir dreißigtausend Jahre lang immer Neues aufnehmen könnten. Theoretisch kann ein geistig gesunder Mensch also alles lernen und in jedem Beruf etwas Nützliches leisten. Aber das ist nicht genug. Überdurchschnittliches, Originelles oder gar Großes bringst Du nur bei einer Arbeit oder Aufgabe zustande, zu der Du Talent oder Lust hast. Klavierspielen kann jeder lernen, aber Konzertpianisten werden nur wenige. Ohne Lust und Liebe gibt es keinen Erfolg.

Hast Du Lust auf Erfolg?

„Das Wichtigste für Dich ist Dein Erfolg", so lautet die Überschrift dieses Abschnittes. Nur erfolgreiche Menschen sind glücklich. Jeder will und braucht Erfolg – bei der Arbeit und im Verhältnis zu anderen Menschen. Das heißt aber nicht, daß Du für eine Eins in Mathe oder Deutsch „über Leichen gehen sollst".

Diese Eins nützt Dir wenig, wenn keiner in Deiner Klasse etwas mit Dir zu tun haben will. Im Verlaufe unseres Buches lernst Du, was echter Erfolg ist und was Du tun mußt, um ihn zu erreichen.

Unser Training beginnt! Bist Du bereit für das zweite Kapitel?

Kapitel 2:
Selbstbewußtsein ist das A und O

Dein Bild von Dir selbst

Wie findest
Du Dich
selbst?

Ein Sportler erkennt überall, wohin er kommt, zuerst Sportmöglichkeiten; ein Musiker erlebt die Welt vornehmlich als eine Fülle von Geräuschen, Tönen und Harmonien und Disharmonien; ein Tierfreund interessiert sich, egal, wo er ist, zuerst für alles, was kreucht und fleucht, und ein Modemensch schätzt die Leute nach dem Schick und der Qualität ihrer Kleidung ein.

Die Brille, durch die Du die Welt betrachtest, bestimmt also das Bild, das Du von der Welt hast. Wenn Du Dich für schüchtern, ängstlich, mickrig, für zu klein, zu groß, zu dick, zu dünn, zu blond, zu rothaarig, für zu gehemmt und unbedeutend hältst — dann bist Du auch so! Dann bist Du das fünfte Rad am Wagen, weil das, was man unentwegt befürchtet, auch eintritt. Wenn aber mutige, zukunftsfrohe, abenteuerlustige, aufbauende, frohe Gedanken und Ideen in Deinem Kopf sind, wenn Du ein positives, klares, plastisches, farbiges, scharf umrissenes und in allen Einzelheiten genaues Bild von Dir selbst, von Deiner Zukunft und Deinem Platz in der Welt hast, wirst Du wie dieses Bild werden. Mit anderen Worten: Was Du in erster Linie brauchst, sind Selbstbewußtsein und Selbstvertrauen.

Über diese beiden Begriffe gibt es die größten Mißverständnisse, und selbst Eltern und Lehrer sind manchmal der Ansicht, daß es nicht gut wäre, wenn das Selbstbewußtsein ihrer Kinder und Schüler zu groß würde. Das ist falsch und ein ganz großer Irrtum! Sie verwechseln Selbstbewußtsein mit Überheblichkeit, Arroganz, Eitelkeit und Hochnäsigkeit.

Das Selbstbewußtsein ist das seelische Rückgrat eines Menschen, das unsichtbare Skelett, das alles trägt und zusammenhält. Wenn Dein Selbstbewußtsein und Dein Selbstvertrauen stark und strahlend sind, dann entwickelst Du ganz von selbst Intelligenz, Tatkraft, Mut und Ausdauer.

Hast Du schon mal einen Rohdiamanten gesehen? Jedenfalls weißt Du, daß so ein Stein einen ziemlichen Wert haben kann, obwohl er stumpf, grau, unförmig, grob und wertlos aussieht. Große Geschicklichkeit und besondere Fachkenntnisse sind nötig, um aus ihm einen Brillanten zu machen, einen funkelnden, schön geschliffenen Stein, der fasziniert und auf den ersten Blick als wertvoll erkennbar ist.

Mach doch mal einen Brillanten aus Dir!

Vielleicht ist Dein Glaube an Dich selbst, Dein Selbstwertgefühl, durch falsche oder ungeschickte Behandlung Deiner Umwelt, durch ständiges Nörgeln, Zetern und Gängeln, genauso unansehnlich und stumpf geblieben wie ein Rohdiamant. Dann beginne sofort mit dem Schleifen und Polieren. Laß Dich nicht beirren und nicht unterkriegen. Wir helfen Dir dabei.

Ein Tip: Wenn Du zum Beispiel Angst hast, vor der Klasse zu singen oder an der Tafel zu rechnen, dann stell Dir von jetzt an öfter und in allen Einzelheiten vor, wie Du Dich in dieser Situation gerne verhalten würdest: Der Lehrer ruft Dich auf. Ruhig und langsam gehst Du nach vorne. Ohne aufgeregt zu sein, nimmst Du die Kreide und schreibst in klaren Zahlen und Buchstaben die richtige Lösung an die Tafel. Dazu gibst Du mit gelassener Stimme und deutlicher Aussprache die notwendigen Erklärungen. Danach schaust Du den Lehrer freundlich an und gehst ohne Hast wieder auf Deinen Platz zurück. Mach die Augen zu und stelle Dir diese Situation immer wieder vor. (Du kannst das natürlich auch mit jeder anderen Situation machen, die Dir unangenehm ist oder vor der Du Dich fürchtest.)

Was macht mir angst?	Wie verhalte ich mich in dieser Situation?	Wie möchte ich lieber sein/mich verhalten?

Finde Dein Ziel!

Nur in Ruhe wird der Mensch sich seiner selbst bewußt: also selbstbewußt. Nimm Dir jeden Tag eine halbe Stunde Zeit, ganz für Dich allein. Setz Dich im Meditationssitz hin (darüber kannst Du im Kapitel „Meditation" mehr erfahren), mach Deine Augen zu und verlangsame und vertiefe Deine Atmung. Sobald die wirbelnden, kunterbunten Gedanken zur Ruhe gekommen sind, sobald Dein Rücken so stark ist, daß Du straff, ohne Schmerzen sitzen kannst, beginnst Du, das positive Bild von Dir zu „malen".

Wie möchte ich sein?
Was möchte ich sein?
Wer möchte ich sein?
Wo möchte ich sein?

20

Immer wieder meditierst Du über diese Fragen. Wenn Du längst schon spielst, radfährst, schwimmst, fernsiehst oder schläfst, wird Dein Unterbewußtsein selbsttätig daran weiterarbeiten.

Meditiere so oft wie möglich! Bring Körper, Atmung und Tagesgedanken zur Ruhe und schließ die Augen. Denk über Dein Ziel nach. Bilder, Ideen und Wunschträume kommen.

Betrachte sie, und notiere sie Dir später, ohne Dich dabei zu schämen oder Dir zu überlegen, ob etwas vernünftig ist oder unvernünftig. Mache Deine Augen also immer wieder zu, bis Du Dein Ziel gefunden hast. Klar formuliert und schriftlich niedergelegt, ist es wie ein Magnet. Es zieht Dich sanft, aber stetig an. Es formt Deinen Willen, Deine Konzentrationsfähigkeit, Deine Zielstrebigkeit. Sport und Schule sind auf einmal nicht mehr lästig, sondern werden interessant und wichtig. Sie sind ja Chancen, sozusagen Stufen zu Deinem Ziel und Erfolg. Wir kennen einen dreizehnjährigen Jungen, der sein Ziel schon gefunden hat. Er möchte später einmal auf den Mars fliegen.

Utopisch? – Ja!
Schwierig? – Sehr!
Langwierig? – Bestimmt!
Kompliziert? – Ungeheuer!
Sein Ziel ist phantastisch – aber daß er es erreicht, ist durchaus nicht unmöglich.

Alle meine Träume und Wünsche:

Du bist der Boss!

Hast Du schon einmal davon geträumt, Chef oder Chefin von vielen Mitarbeitern zu sein, die alle tun müssen, was Du ihnen sagst? Sie bringen Dir das Frühstück ans Bett, büffeln für Dich Vokabeln, lernen Matheformeln, schreiben für Dich die Englischarbeit, machen Deine Hausaufgaben, führen Deinen Hund aus, räumen Dein Zimmer auf – und erledigen alles für Dich, was Du selbst so ungern tust. Zu schön, um wahr zu sein? Doch, Du kannst uns glauben: Es ist wahr. Du hast viel mehr Mitarbeiter, die alles für Dich tun, als in Deinen schönsten Träumen. Es sind mehr als 13 Milliarden! Jetzt wirst Du sicher ganz heftig den Kopf schütteln, weil Du das nicht glauben magst. Wo bitte sollen sie denn sein, die vielen Mitarbeiter? Und was tun sie überhaupt? Du glaubst, daß Du Deine Hausaufgaben ganz allein machst, Deine Vokabeln machst, Deine Vokabeln selbst lernst. Doch das ist nicht wahr. Deine Mitarbeiter tun das für Dich. Es sind die vielen Milliarden Zellen in Deinem Gehirn. Ach so, wirst Du vielleicht enttäuscht sagen, das sind ja gar keine echten Mitarbeiter!

Sei nett zu Deinen „Mitarbeitern".

Wir sagen: Es kommt nur darauf an, wie gut Du sie ausgebildet hast, wie gut Du ihr Können nutzt. Jeder verantwortungsbewußte Chef weiß, daß er seine Mitarbeiter gut behandeln muß, damit sie gute Leistungen bringen. Wer seine Mitarbeiter schlecht behandelt, sorgt nur für Frust und dafür, daß sie keine Lust haben, für diesen Chef mehr zu tun als unbedingt nötig. Behandelst Du Deine Mitarbeiter gut, oder vernachlässigst Du sie?

Wie kann man Mitarbeiter gut behandeln, die man gar nicht kennt? fragst Du sicher. Na, vielleicht hast Du ja Lust, sie kennenzulernen. Du wirst staunen, was sie alles für Dich tun können, wenn Du sie nur förderst und in ihren Fähigkeiten unterstützt. Du weißt ja inzwischen, daß das Gehirn nicht nur eine glibberige und ungeordnete Masse ist, sondern ordentlich aufgeteilt. Intelligenz allein macht noch lange nicht klug! Jedes Talent, jede Fähigkeit hat einen festen Platz, auch in Deinem Gehirn. Um das Ordnungssystem noch ein bißchen übersichtlicher zu machen, ist das Gehirn in zwei Hälften unterteilt. In der linken Hälfte liegen alle Fähigkeiten, die Du zum Beispiel für die Schule brauchst: Deine Fähigkeiten, Matheaufgaben zu lösen, Deine Fähigkeit, Vokabeln nicht nur zu lernen, sondern auch zu behalten, bis Du irgendwann die Fremdsprache gelernt hast, Deine Fähigkeit, ein Referat über ein bestimmtes Thema zu verfassen, Deine Fähigkeit, eine logische Antwort auf eine Frage zu geben – und noch viel mehr Fähigkeiten, die, wenn sie gut entwickelt sind, die Leute sagen lassen: ,,Das ist aber ein intelligentes Kind!"

Jetzt wirst Du vielleicht überlegen, wofür Du noch die andere Hälfte brauchst, wenn die wichtigen Eigenschaften alle in der linken Gehirnhälfte liegen. Viele Menschen begehen den Fehler, zu glauben, daß ihre rechte Gehirnhälfte weniger wichtig ist, und sie vernachlässigen diese Mitarbeiter, indem sie ihre ganze Aufmerksamkeit den fleißigen und klugen Mitarbeitern der linken Hälfte schenken. Sie lernen und lernen, sie gelten als ungemein klug und geistreich, doch sie wundern sich, daß ihnen trotzdem nichts wirklich gelingt, daß ihnen alles schwerfällt und daß man sie vielleicht nicht mag oder sich nicht für sie interessiert. Was fehlt diesen Leuten? Etwas ganz Wichtiges, nämlich Gefühl, Instinkt und Phantasie.

Sicher kennst Du ein Kind (oder mehrere) aus Deiner Klasse oder Deinem Bekanntenkreis, das in der Schule Klassenbester ist, jeden Tag stundenlang Hausaufgaben macht und auf jede Frage eine Antwort weiß. Vielleicht hast Du diesem Kind gegenüber sogar Komplexe, weil Du glaubst, daß Du nie so intelligent und schlau werden wirst. Doch dann kommt der Tag, an dem Du Dich mit diesem tollen Kind verabredet hast, vielleicht, um ein Baumhaus zu bauen oder aus Deinem Kinderzimmer einen großen Ponyhof zu machen.

Plötzlich merkst Du, daß dieses Kind gar nicht spielen kann. Wenn Du zu ihm sagst: ,,Diese Wolldecke ist jetzt ein Indianerzelt'', dann wird dieses Kind sagen: ,,Aber nein, das ist nur eine Wolldecke.'' Solche Kinder können die Welt nur sehen, wie sie ist, aber nicht so, wie sie sein könnte. Man sagt: Sie haben keine Phantasie.

Wozu brauchst Du Phantasie?

Phantasie ist wichtiger als Wissen!

Du weißt nicht, wofür Phantasie wichtig ist? Na schön – in der Schule hast Du vielleicht nur Lehrer gehabt, die Dir gesagt haben, daß lernen wichtiger ist als träumen. Aber einer der klügsten Männer aller Zeiten hat einmal gesagt: ,,Phantasie ist wichtiger als Wissen.'' Es war Albert Einstein, der Physiker, der die Relativitätstheorie entwickelte, die in der Naturwissenschaft bis heute als Meilenstein der Forschung gilt. Dieser Albert Einstein war ein miserabler Schüler. Er war sogar sitzengeblieben, und seine Lehrer waren sich völlig sicher, daß sie einen unglaublich dummen Jungen vor sich hatten. Als viele Jahre später die Intelligenz Albert Einsteins gemessen wurde, stellte man fest, daß er den höchsten Intelligenzquotienten hatte, der je festgestellt wurde. Und dieser Mann hat gesagt, daß Phantasie wichtiger ist als Wissen. Warum?

Schon als kleiner Junge hatte er die Vorstellung gehabt, daß es doch möglich sein müßte, zu erklären, warum die Erde in ihrer Bahn bleibt und nicht in das Weltall geschleudert wird, wenn Jahr für Jahr immer mehr Menschen, Häuser, Schiffe und Maschinen dazukommen. Er hatte den Traum, die Vorstellung, derjenige zu sein, der die Erklärung dafür findet. Dafür war dem faulen Schüler Albert Einstein keine Arbeit zuviel. Tag und Nacht stand er in seinem Labor, rechnete und experimentierte, bis er die Lösung gefunden hatte. Dafür bekam er sogar einen Nobelpreis.

Seine Phantasie war der Auslöser dafür, daß er sich Wissen aneignete. Wäre er nur ein guter und fleißiger Schüler gewesen, hätte er vielleicht ordentlich gelernt und ein gutes Abitur gemacht — aber er wäre vielleicht auch sein Leben lang ein fleißiger und guter Mitarbeiter geblieben, der die Träume und Phantasien anderer so gut wie möglich umsetzte, aber sich nie einen eigenen Traum erfüllt hätte.

Alle Erfinder, Forscher und Entdecker hatten eine Vorstellung in ihrer Phantasie, bevor sie etwas dafür taten und dadurch berühmt wurden:

Kolumbus träumte davon, Indien zu entdecken, und entdeckte Amerika, Marco Polo träumte von China und schaffte es, zu Fuß dorthin zu kommen, Alexander Graham Bell stellte sich vor, mit Menschen über mehrere Kilometer hinweg zu sprechen, und erfand das Telefon, Edison hatte die Phantasie eines Lichtes, das ohne offenes Feuer, ohne Gas oder Petroleum nachzufüllen, immer brannte, wenn man einen Schalter betätigte. Er erfand die Glühbirne. Galileo Galilei hatte bewiesen, daß die Erde eine Kugel und keine Scheibe war, wie die Leute früher glaubten. Die Brüder Wright träumten davon, daß der Mensch fliegen könne, und erfanden das Flugzeug. Alle diese Menschen ertrugen es, daß man sie auslachte, manche von ihnen gingen sogar ins Gefängnis oder wurden für verrückt erklärt.

Sie wußten genau, was sie wollten: Sie wollten einen Traum wahr werden lassen. Sie wollten, daß eine Vorstellung, ein Bild, das sie im Kopf hatten, Wirklichkeit wird. Ihre Träume waren ihnen wichtiger, als immer nur das zu tun, was andere von ihnen verlangten. Ohne solche Menschen würden wir alle noch immer in Höhlen wohnen und rohes Fleisch essen. Hinter jedem Fortschritt steht ein Mensch (oder mehrere) mit Phantasie, mit einer Vorstellung davon, wie die Welt sein könnte.

Deshalb ist Phantasie so wichtig, wichtiger eben als Wissen, denn das kann man sich noch dann aneignen, wenn man weiß, wofür man es nutzen möchte. Phantasie ist Fortschritt. Und weil die Zellen, die die Phantasiebilder produzieren, in der rechten Gehirnhälfte sitzen, ist diese Hälfte nicht unwichtiger als die linke, sondern eher noch wichtiger.

Warum Träume so wichtig sind.

Entdecke Deine Träume!

Und jetzt kommt die große Überraschung: Du selbst kannst etwas dafür tun, die Fähigkeiten Deiner so wichtigen Mitarbeiter zu entdecken, zu nutzen und zu fördern. Du kannst Deine Mitarbeiter trainieren, denn Du bist Ihr Boss. Sie tun nur das, was Du ihnen befiehlst. Ist das nicht toll? Natürlich muß kein zweiter Einstein aus Dir werden, und die Glühbirne hat auch schon jemand erfunden. Auch fremde Länder kann man heute nicht mehr entdecken. Aber es gibt auch heute noch Menschen, die Träume haben.

Viele Ärzte haben den Traum, ein Medikament gegen Krebs zu entdecken, Anthropologen nennen sich die Leute, die dem Geheimnis auf die Spur kommen wollen, wann, wie und wo der erste Mensch gelebt hat oder warum die Saurier ausgestorben sind. Gehirnforscher wollen ergründen, warum manche Menschen dumm und andere intelligent sind. Es gibt noch viele ungelöste Rätsel auf unserer Erde. Vielleicht wirst Du später einmal eines dieser Rätsel lösen. Möchtest Du den versunkenen Kontinent Atlantis entdecken? Möchtest Du zum Mars fliegen? Möchtest Du ein berühmter Chirurg werden wie Christian Barnard, der zum erstenmal eine Herzverpflanzung vorgenommen hat? Du kannst uns ruhig glauben: Kein Traum ist blöd oder dumm. Laß Dir das von keinem Menschen einreden. Denke daran, daß man vor dreißig Jahren noch darüber gelacht hat, wenn ein kleiner Junge sagte, daß er Astronaut werden und auf dem Mond landen möchte. Kaum jemand konnte sich früher vorstellen, was im Jahr 1969 Wirklichkeit wurde: daß ein Mann namens Neil Armstrong auf dem Mond spazierenging. Denke immer daran, daß wir den Menschen, die sich ihre Träume nicht ausreden ließen, viel zu verdanken haben und daß nur Menschen mit Träumen die Welt verändert haben. Du hast die Geschichte von Heinrich Schliemann und seiner Entdeckung Trojas gelesen und weißt, wieviel manche Menschen für einen einzigen Traum bereit sind zu tun.

Welche Träume hast Du? Was möchtest Du bewegen? Schreibe noch einmal Deine Träume aus dem letzten Kapitel auf, schreibe sie diesmal untereinander auf die linke Seite des Blattes. Jeder einzelne Traum ist ein Schatz aus Deiner Phantasie. Je mehr Träume Du hast, desto wertvoller ist diese Schatzkammer. Noch einmal: Es gibt keine blöden und dummen Träume! Schreib dann neben jeden Deiner Träume auf die rechte Seite, was Du dafür tun mußt, denn das ist wichtig. Wenn Du geschrieben hast, daß Du einmal einen Schatz aus einer versunkenen Galeere bergen möchtest, mußt Du tauchen lernen.

Möchtest Du später lieber Wimbledon-Sieger werden, mußt Du nicht nur Tennisspielen lernen – Du mußt auch bereit sein, sehr viel zu trainieren. Ob Du ein gefeierter Pianist werden möchtest, ein Genforscher, eine berühmte Schriftstellerin, die erste weibliche Bundeskanzlerin, Hollywoodstar, Privatdetektiv oder Richter – es ist ganz gleich, wie hoch Du Deine Träume ansetzt. Es gibt kein „Unmöglich". Doch ein Traum ist nur Schaum, wenn Du daraus kein Ziel machst und Dir viele kleine Ziele steckst, die Dich Deinem großen Ziel näherbringen. Auch Albert Einstein war bereit zu lernen, als er ein Ziel hatte. Das kannst Du auch! Also fertige gleich eine Liste an, und denk daran, daß man für einen Traum manchmal ganz schön viel tun muß:

Meine Träume	Was ich dafür tun muß

Aber verlier nicht aus den Augen, daß Du auch wirklich willst, was Du Dir vorstellst, daß Du nicht nur einen Freund oder eine Freundin nachahmst. Horch in Dich hinein, frage Dich ehrlich und antworte noch ehrlicher: Was würde mir Spaß machen, was könnte ich besonders gut, wo könnten meine Stärken liegen? Es hat nicht viel Sinn, Maler werden zu wollen, wenn man am Malen nicht viel Freude hat. Doch es ist kein Hinderungsgrund, wenn man im Kunstunterricht weniger gute Noten hat. Viele Super-Sportler waren als Kinder dick und kränklich und wurden gehänselt, weil sie so unsportlich waren. Sie wurden Leistungssportler, weil sie allen beweisen wollten, daß sie es können, wenn sie nur wollen.

Solche Menschen entwickeln manchmal Kräfte und Energien, die andere, vielleicht viel Begabtere, nicht aufbringen wollen. Sie haben sich nur nie ihren Traum ausreden lassen und ihren Milliarden Mitarbeitern befohlen: ,,Sorgt dafür, daß ich die Geduld und Disziplin aufbringe, jeden Tag zu trainieren! Sorgt dafür, daß mich der Spott der anderen nicht irritiert! Helft mir dabei, das zu erreichen, was ich mir vorgenommen habe!'' Aber denke daran: Es geht nicht von heute auf morgen, daß aus einem unsportlichen Kind ein toller Sportler wird. Man braucht viel Geduld, einen festen Willen und viel Ausdauer.

Deine ,,Mitarbeiter'' warten auf Deine Befehle!

Vor vielen Jahren lebte in Amerika ein kleines Mädchen, das durch eine schwere Krankheit gelähmt war. Sie mußte im Rollstuhl fahren, weil sie ihre Beine nicht bewegen konnte. Dieses Mädchen träumte davon, einmal eine gefeierte Sportlerin zu werden. Unmöglich! Jeder, dem sie diesen Wunsch mitteilte, lächelte darüber oder tröstete sie voller Mitleid. Doch die kleine Wilma Rudolph ließ sich nicht irritieren. Kannst Du Dir vorstellen, daß Wilma Rudolph Olympiasiegerin im 100-Meter-Lauf wurde? Sie wurde! Und hat damit etwas geschafft, was jeder für unmöglich hielt. Aber könntest Du Dir vorstellen, daß ohne Geduld und Ausdauer aus einem gelähmten Kind eine Olympiasiegerin werden könnte? Niemals!

Wie viele Gründe hätte Wilma Rudolph gehabt, aufzugeben. Doch sie hat keinen Grund akzeptiert. Und das ist wichtig. Stell Dir doch nur vor, wie eifrig ihre Milliarden Mitarbeiter gearbeitet haben müssen, um sie im Weitermachen zu unterstützen. Jeder noch so kleine Fortschritt war ein Stück näher in Richtung Ziel. Und das Schöne: Irgendwann kommt der Punkt, an dem das Gehirn von alleine arbeitet. Ein fester Vorsatz, ein starker Wille, immer und immer wieder verstärkt mit dem kleinen Satz: Ich will! – und plötzlich braucht man dem Gehirn nicht mehr zu befehlen, daß man will, es arbeitet von ganz alleine. Man hat ihm so viel ,,Ich will" eingegeben, daß es voll ist mit ,,Ich will!" und nichts anderes mehr herausläßt. Denn nur das, was wir in uns hineinlassen, kommt auch heraus. Der Satz ,,Ich will!" ist fest im Gehirn einprogrammiert. 13 Milliarden Mitarbeiter arbeiten nur noch für Dich, für ihren Boß.

Auch Du kannst, was Du willst.

Beeinflusse Dich selbst!

Du hast bestimmt schon gehört – und weißt es auch aus eigener Erfahrung –, daß die ständige Wiederholung einer Behauptung dazu führt, daß man ihr schließlich Glauben schenkt. Dieses Prinzip wendet zum Beispiel die Werbung an. Auf allen Plakatwänden, in Zeitungsanzeigen, im Rundfunk und im Fernsehen erklärt sie uns immer wieder, daß nur ein Waschmittel, das weißer als weiß wäscht, seinen Preis wert ist. Die Werbefachleute gestalten solche Botschaften nach den neuesten Erkenntnissen der Psychologie und dringen damit tief in unser Unterbewußtsein ein. Oftmals ertappen wir uns dabei, daß wir ganz automatisch nach einer bestimmten Ware greifen, wenn sie uns nur oft und eindringlich genug angepriesen worden ist. Aber unser Unterbewußtsein ist nicht nur der Reklame ausgesetzt, sondern noch vielen anderen Beeinflussungen, zum Beispiel jenen Ratschlägen, Drohungen und ,,Lebensweisheiten", mit denen wohlmeinende Erwachsene

Wie funktioniert Werbung?

29

Kindern gegenüber oft sehr freigebig sind, ohne sich zu überlegen, welchen Schaden sie anrichten.

,,Faß den Hund nicht an! Er beißt!"

,,Im Keller wohnt der Schwarze Mann!"

,,Wasser hat keine Balken!"

,,Zum Reden muß man geboren sein!"

Woher
kommt die
Angst?
Wer tagein, tagaus solchen Quatsch hört, glaubt ihn schließlich, und so entstehen viele Ängste: die Angst vor Hunden, vor der Dunkelheit, vor tiefem Wasser, vor dem Reden in der Gruppe, vor dem Alleinsein, vor diesem und jenem. Dein Verstand sagt Dir später zwar, daß das alles Unsinn ist, aber die beklemmenden Gefühle, die man Dir eingepflanzt hat, bleiben trotzdem.

Wir drehen jetzt den Spieß einmal um und versuchen, die Technik der Beeinflussung (mit einem Fremdwort sagt man auch Suggestion) für etwas Positives und Nützliches anzuwenden – nämlich für die Stärkung Deines Selbstbewußtseins.

Es ist übrigens bewiesen, daß diese Methode funktioniert. Vor über 70 Jahren kam der französische Apotheker Emile Coué auf die Idee, seinen Patienten statt Medikamenten Selbstbeeinflussung zu ,,verschreiben". Die Kranken sollten morgens und abends laut und deutlich den Satz sagen: ,,Mir geht es in jeder Hinsicht täglich besser und besser." Und siehe da – das ungewöhnliche Rezept funktionierte, aber nur dann, wenn die Patienten wirklich von der Wirkung überzeugt waren.

Coué hat mit seiner Behandlung bewiesen:

1. Jeder Gedanke, der in uns auftaucht, hat die Neigung, sich in die Tat umzusetzen. Was wir denken, das können wir auch tun.

Die Vorstel-
lungskraft
siegt über den
Willen!
2. Unsere Vorstellungskraft ist stärker als unser Wille. Was wir uns fest vorstellen, tun wir also selbst dann, wenn wir eigentlich etwas anderes wollten.

3. Wir können uns ganz leicht, ohne jede Anstrengung, einen Gedanken in den Kopf setzen, den wir angenehm finden. Und das immer wieder, ohne daß es schwerfällt.

Wenn man mit seiner Vorstellungskraft sogar Krankheiten heilen kann, dann müßte es doch erst recht möglich sein, ein bißchen besser, ein bißchen konzentrierter, ein bißchen disziplinierter zu werden oder kleine Schwächen zu besiegen. Das ist doch einleuchtend, oder? Kannst Du Dir vorstellen, wie schön es wäre, wenn Du keine Angst mehr vor Klassenarbeiten hättest, wenn Du konzentriert Hausaufgaben machen würdest, wenn Du Spaß am Lernen hättest? Du kannst es Dir vorstellen? Dann kannst Du es auch!

Deshalb fang gleich an mit Deinem ganz persönlichen Selbstbeeinflussungs-Programm. Du wirst nicht nur spüren, daß es Dir wirklich in jeder Hinsicht bessergehen wird, sondern daß Du schon bald kannst, was Du Dir heute vorstellst. Du mußt allerdings fest entschlossen sein, etwas zum Positiven zu ändern. Was Du noch brauchst, ist ein wenig Geduld (nichts geht von heute auf morgen) und die Überzeugung, daß es klappen wird. Also: Nur Mut! Es geht los.

Dein persönliches Selbstbeeinflussungsprogramm

Zuerst eine Bastelarbeit!

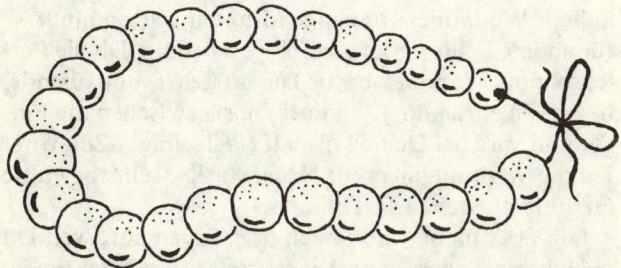

Nimm 25 kleine Holzperlen (die bekommst Du in jedem Hobby-Laden) und einen kräftigen Faden. Fädle eine Perle auf, und mach einen Knoten. Nimm die nächste Perle, fädle sie auf, und mach wieder einen Knoten und so weiter, bis alle 25 Kügelchen aufgereiht sind. Zuletzt knüpfst Du die Schnur mit einem dicken Knoten fest zusammen. Das ist Anfang und Ende der Kette.

Was das Ganze soll? – Nun, die Kette ist Dein Ge-
dankenzählgerät. (Du kannst sie übrigens auch fertig
kaufen. In den griechischen Boutiquen, die es jetzt in
vielen Städten gibt, wird sie unter dem Namen Kom-
boloi verkauft.) Du nimmt sie in die Hände und hältst
die erste Perle rechts vom Hauptknoten zwischen Dau-
men und Zeigefinger. Dabei sagst Du eine jener Formeln, die Du Dir auf der nächsten Seite aussuchen
kannst. Dann rutschen Deine Finger zur zweiten Perle,
und Du wiederholst die Formel. Das machst Du so
25mal: immer Perle – Formel, Perle – Formel,
Perle – Formel.

Jedesmal sagst Du die Sätze der Formel laut, deutlich und ganz überzeugt. Auch wenn sie Dir anfangs
nicht so leicht von den Lippen wollen und Dir das
Ganze vielleicht ein bißchen komisch vorkommt. Von
jetzt ab überläßt Du es nicht mehr den anderen, welche ,,Pflanzen im Treibhaus Deines Unterbewußtseins''
wachsen sollen, sondern bestimmst selber darüber. Natürlich müssen es gute und hilfreiche Pfanzen sein. Jede
gesprochene Formel läßt sie ein ganz klein wenig wachsen. Darum solltest Du Dein Kettchen immer bei Dir
haben. Wo immer Du einige Minuten warten mußt –
für andere Leute verlorene Zeit! –, benutzt Du die Per-
lenschnur. Morgens, bevor Du aufstehst, und abends,
bevor Du einschläfst, nimmst Du sie zwischen die Finger und sprichst Deine Formel. Nach einiger Zeit wirst
Du die Wirkung merken: Neue, starke, selbstbewußte
Gefühle entstehen in Dir.

Gib aber nicht schon nach drei Tagen auf, weil Du
noch keine Änderung an Dir feststellst. Ein bißchen Geduld mußt Du haben. Genauso, wie es eine Weile ge-
dauert hat, Dir Ängste, Schüchternheit und Hemmungen einzupflanzen, so braucht auch Deine neue innere
Haltung, Dein Selbstbewußtsein, Zeit und Geduld, um
sich zu entwickeln.

Noch ein wichtiger Tip:

Verrate Deine ,,Geheimkette" niemandem! Abfällige oder ironische Bemerkungen Deiner Geschwister oder Schulfreunde töten die neue Pflanze im Keim. Zieh Dich zurück, wenn Du Deine Formel sprichst (es muß immer dieselbe sein), und gib dem Experiment der Selbstbeeinflussung mindestens drei Monate lang eine Chance.

Noch etwas zu den Formeln:

Wenn Du erst ein bißchen Übung mit der Kette hast, kannst Du mit ihr an all Deinen Problemen arbeiten und alle Deine Schwierigkeiten positiv beeinflussen. Solltest Du unter den folgenden Formeln keine finden, die für Dich geeignet ist, weil Du zum Beispiel ein ganz spezielles Problem hast, dann bau Dir dafür selbst eine Formel. Sie muß bejahend sein, ganz klar ausdrücken, was Du möchtest, und Du mußt mit ihr mindestens zehn Wochen lang konzentriert arbeiten.

Hier die Formeln:

,,Ich glaube an mich und meine innere Kraft. Mein Selbstvertrauen wächst von Tag zu Tag. Ich habe Erfolg, weil ich gut arbeite und andere Menschen mag."
    ,,Ich sprühe vor Lebensfreude! Ich strahle wie die Sonne! Meine Freude wirkt ansteckend! Alle freuen sich, wenn sie mich sehen."

Für den Fall . . .

– *daß Du oft trödelst und Dir das Lernen keinen Spaß macht:*

Geh Dein Problem direkt an!

,,Heute beginne ich meine Arbeit pünktlich.
Alles, was wichtig ist, wird sofort erledigt.
Gute Leistungen machen mich zufrieden.
Ich freue mich auf meine Arbeit!"

— daß Du Dich leicht ärgern läßt und Wutanfälle be-
kommst:

,,Ich bin selbstbeherrscht.
Ich bleibe ganz ruhig.
Nichts kann mich ärgern!"

— daß Du schwer einschläfst:

,,Heute abend schlafe ich tief und fest.
Mein Bett ist warm und gemütlich.
Heute nacht schlafe ich ruhig und erholsam."

— daß Du stotterst oder Dich beim Sprechen oft ver-
haspelst:

,,Ich atme tief und ruhig.
Ich weiß, daß ich ruhig, laut und gut sprechen kann.
Ich achte nur auf das, was ich inhaltlich sagen will.
Ich schaue die Menschen selbstsicher und mutig an."

— daß Du zu dünn bist und zuwenig ißt:

,,Mein Essen ist gut und nahrhaft.
Mein Essen schmeckt lecker.
Ich kaue langsam und genüßlich.
Mein Essen gibt mir Energie und Kraft."

— daß Du zu dick bist und zuviel ißt:

,,Nach ein paar Bissen bin ich satt.
Ich bin rundherum satt.
Wassertrinken sättigt auch.
Tief atmen sättigt auch."

— daß Du fahrig und unkonzentriert bist:

,,Ich kann, was ich will.
Ich arbeite (lese) langsam, gründlich und konzentriert.
Meine Vokabeln behalte ich gut.
Mein Gedächtnis wird täglich besser, immer besser."

34

- *daß Du einen inneren Widerstand gegen ein bestimmtes Schulfach hast:*

,,Ich kann, was ich will. Ich bin begabt. Mathematik *(oder welches Fach auch immer)* wird mein Lieblingsfach.
Mathematik macht mir Spaß.
 Ich interessiere mich dafür.''

- *daß Du Angst vor Prüfungen hast:*

,,Ich freue mich auf meine Prüfung.
Endlich kann ich beweisen,
daß ich gelernt und gearbeitet habe.
Ich bleibe ganz ruhig und gelassen.
Ich freue mich auf die Prüfung.''

- *daß Du ins Bett machst:*

,,Mein Bett bleibt trocken, wenn ich schlafe.
Ich schlafe ruhig und tief bis sieben Uhr.
Ich brauche mich nicht aufzuregen.
Ich werde bestimmt gesund!''

- *daß Du Dir dummerweise das Rauchen angewöhnt hast:*

,,Zigaretten schmecken ekelhaft.
Zigaretten stinken.
Wenn ich rauche, stinke ich.''

- *daß Du an Deinen Fingernägeln kaust:*

,,Meine Fingernägel werden lang und schön.
Statt zu kauen, spiele ich lieber mit meiner Kette.
Meine Fingernägel wachsen täglich.''

Immer wenn Du mit dem Kettchen arbeitest und eine dieser Formeln sagst, muß Dein Körper ganz entspannt und ruhig sein. Kein Zeitdruck und keine Störung dürfen Dich ablenken. Wenn Du unter Druck bist oder

Nicht ablenken lassen!

35

wenn es um Dich herum wie im Irrenhaus zugeht, laß das Kettchen lieber in der Tasche und warte auf eine bessere Gelegenheit.

Hier noch ein paar Beispiele für Formeln, wie Du sie Dir selber machen könntest:

,,Ich werde täglich beherrschter, ausgeglichener, harmonischer.''

,,Ich glaube an meine innere Kraft. Nichts und niemand kann mich klein und schwach machen. Ich fühle, wie ich täglich wachse.''

,,Klavierspielen macht mir Spaß. Jede Übung bringt mich ein Stückchen weiter. Ich freue mich auf den Tag, an dem ich eine Mozart-Sonate gut spielen kann.''

,,Ich habe keine Angst, die Wahrheit zu sagen. Es ist ganz leicht. Ich brauche mich nicht zu fürchten. Wenn ich die Wahrheit sage, kann mir nichts passieren.''

,,Ich freue mich, daß ich lebe.
Ich freue mich, daß ich in einer interessanten und bunten Welt lebe, in einer Welt, die um so interessanter wird, je klüger ich bin und je mehr ich weiß. Lernen macht klug, das weiß ich und vergesse es nie. Ich bin klug und Lernen fällt mir leicht, darum wird mein Leben immer schöner und bunter, und darum freue ich mich.''

Gegen Willensschwachheit und schlampiges Trödeln:

„Ich kann, was ich will!"

„Ich habe einen starken Willen und kann mich gut konzentieren.
Alle Oberflächlichkeiten verschwinden.
Ich kann mich immer besser auf meine Aufgaben konzentrieren.
Ich weiß, durch Übung wird alles leicht, und es bereitet mir eine immer größere Freude festzustellen, daß auch ich ein(e) sehr gute(r) Schüler(in) bin, denn auch ich bin begabt – ich muß mich nur konzentrieren.
Dann erwachen meine geistigen Kräfte, und alles wird leicht.
Ich bin glücklich! Denn ich weiß: „Ich kann, wenn ich will!!"

Auf einem Gebiet der Beste sein!

Wir sind zwar erst im 2. Kapitel, aber Du bist schon tüchtig rangenommen worden. Du hast Gedanken und Ideen kennengelernt, die Dir bisher wahrscheinlich fremd waren. Daß Du trotzdem bis hierher durchgehalten hat, ist der Beweis dafür, welche Fähigkeiten und Kräfte in Dir stecken.

Also, wir machen weiter und denken noch ein bißchen darüber nach, was wir für Dein Selbstbewußtsein tun können – besser gesagt, was Du dafür tun kannst, denn das Kettchen allein genügt natürlich nicht. Es ist eine sehr, sehr wichtige Hilfe, aber wenn Du Dir nur sagst: „Mathematik ist mein Lieblingsfach!", ohne jemals die Nase ins Mathematikbuch zu stecken, bleibt das Ganze ein frommer Wunsch. Meditation und Suggestion sind nämlich keine Hexenkünste, sondern sie

Keine Ausreden mehr, Schluß mit dem Jammern!

schaffen die Voraussetzungen für eine erfolgreiche Arbeit. Und die mußt Du leisten. (Lies unter Kapitel 4 nach, wie man es anstellt, der Arbeit Spaß abzugewinnen.)

Der Stolz auf eine gute Leistung und die Freude über das erfolgreiche Gelingen eines Experiments sind sozusagen das Sonnenlicht für die Pflanze Selbstbewußtsein, wenn wir mal bei unserem Vergleich aus dem vorigen Abschnitt bleiben wollen, und Du merkst richtig, wie sie sich reckt und streckt.

Nun sagst Du vielleicht: ,,Schön und gut, seh ich ja ein. Aber bei mir ist das leider ganz anders. Meine Eltern reiben mir immer meinen großen Bruder als Vorbild unter die Nase. Der ist in allen Fächern prima und macht überhaupt alles so fabelhaft, daß ich gar keine Lust mehr habe, auch nur anzufangen. Dagegen komme ich ja doch nicht an!''

(Statt Bruder kannst Du hier natürlich auch Schwester, Freund, Vater und Mutter oder gleich Goethe höchstpersönlich einsetzen — weil manche Eltern nämlich eine solche Menge an Vorbildern auf Lager haben wie andere Leute Eingemachtes im Keller!)

,,Und mein Klassenlehrer'', sagst Du weiter, ,,hat mich auch gefressen. Weil ich in Deutsch (Mathematik, Englisch, Buchführung) eine Niete bin, zeigt er mir immer ganz deutlich, daß er auch alles andere, was ich sage, für Blödsinn hält. Da sage ich lieber überhaupt nichts!'' (Solche Lehrer soll es wirklich geben — und wir stimmen mit Dir überein, daß man sie sofort pensionieren oder zum Minigolfspielen nach Mallorca verbannen müßte!) — Aber hör auf, Dich zu bejammern! Hol die Flinte, die Du schon ins Korn geworfen hast, sofort wieder raus. Wir helfen Dir — und zwar mit einem ganz einfachen Mittel.

Werde ein Experte auf einem Gebiet!

Irgend etwas gibt es bestimmt, das Du kannst und wofür Du Dich interessierst. Gut wäre, wenn sich dieses Etwas auch in der Schule verwerten ließe — also irgendein Schulfach wäre; aber im Notfall geht auch ein Hobby (Klatsch über Film- und Popstars ist allerdings wenig geeignet). Du machst Dich sofort ans Werk und beginnst, dieses Interessengebiet zu aktivieren – sei es nun eine Sprache, Biologie, Musik, Sport, Kochen, Kunst, Literatur, Schiffsmodellbau oder sonstwas. Deine Hausaufgaben und sonstigen täglichen Verpflichtungen erledigst Du so ordentlich und gründlich wie möglich, aber für Dein Interessengebiet, Dein Spezialfach, tust Du mehr, als von Dir erwartet wird.

Du übst, trainierst, probierst, lernst, forschst, liest alles, was es darüber zu wissen gibt (auch in einer anderen Sprache), und je mehr Kenntnisse Du in Deinem Fach erlangst, desto mehr Spaß wird es Dir machen und desto mehr neue Kenntnisse wirst Du Dir aneignen wollen. In einigen Wochen oder Monaten entwickelst Du Dich zu einem Spezialisten und Experten. Die anderen in Deiner Klasse oder Gruppe werden schließlich anfangen, Dich um Rat zu fragen, sobald es um Dein Spezialgebiet geht.

Deine Meinung wird plötzlich für andere interessant werden. Der Fachlehrer zeigt sich angenehm überrascht und wird auf Dich aufmerksam. Wenn im Lehrerkollegium über Dich geklagt und gestöhnt wird, ist er jetzt der erste, der Dich lobt und verteidigt. Das poliert Deinen Ruf – Dein Image, wie die Werbeleute sagen -, und Dein Selbstbewußtsein wächst. Plötzlich merkst Du, daß Du ganz gern zur Schule gehst. Und was man gern tut, das gelingt. Auch die anderen Fächer werden nämlich interessanter. Du bekommst Lust, mehr zu arbeiten und Lücken auszufüllen, und Deine gesamte Schulsituation verbessert sich merklich. (Lies später unbedingt das Kapitel „Lernhilfen und Tips für die Schule".)

Falls Du jetzt wirklich noch mal eine Fünf in Deutsch nach Hause bringst – es ist wahrscheinlich sowieso die letzte – und Deine Mutter zu jammern anfängt: „Ach, nimm Dir doch an Fritz ein Beispiel! Der bekommt immer nur Einsen im Diktat!", dann kannst Du seelenruhig antworten: „Dein liebes Fritzchen schreibt zwar gute Diktate, liebe Mami, aber dafür hat er von anor-

Experten dürfen auch mal frech sein!

ganischer Chemie (englischer Literatur oder moderner Kunst) keinen blassen Schimmer!" Das ist ein bißchen frech, aber es ist die Wahrheit – und Experten dürfen sich schon mal kleine Frechheiten herausnehmen.

Unser Rezept heißt also: Versuche, auf einem Gebiet der Beste zu sein! Und wenn Du Dir nur ein einziges Mal beweist, wozu Dein kluger Kopf, Deine geschickten Hände, Deine flinken Beine imstande sind, hast Du ein gewaltiges Stück vorwärts geschafft! Aus dem mickrigen Pflänzchen Selbstbewußtsein ist schon ein kleiner Baum geworden. Hab Mut! Fang an! Gleich!

Freies Reden – sicheres Auftreten

Dein neues Selbstbewußtsein sollst Du natürlich auch zum Ausdruck bringen können, und wie anders wäre das möglich, als durch freies Reden und sicheres Auftreten. Du hast vielleicht schon mal bei einer Fernsehdiskussion gesehen oder bei einer anderen Gelegenheit selbst erlebt, wie ein Redner sich vor lauter Lampenfieber und Nervosität total verhedderte und schließlich steckenblieb. Das ist für alle Beteiligten furchtbar peinlich (auch als Zuhörer möchte man sich am liebsten in ein Mauseloch verkriechen) – und am unangenehmsten ist es natürlich für den armen Unglücksraben selber. Ein Redner kann noch so klug sein und noch so interessante Sachen sagen, wenn er sich beim Sprechen in den Haaren herumfummelt, seinen Blick hilfesuchend an die Decke heftet oder stur aus dem Fenster schaut, anstatt seine Zuhörer anzusehen, überträgt sich diese Unsicherheit auf das Publikum, und alles, was er sagt, wirkt nicht überzeugend oder wird überhaupt nicht nur Kenntnis genommen.

Viele Menschen überkommt ein Gefühl der Unsicherheit, wenn sie durch die vollbesetzte Halle eines eleganten Hotels gehen müssen, wo jeder sie interessiert zu mustern scheint. Sie haben plötzlich das Gefühl, meh-

Sprechen beginnt mit dem Auftreten!

rere überflüssige Arme und Beine zu besitzen und in völlig zerrissener Kleidung, mit ekelhaftem Schleim bedeckt, einherzuschwanken. Das ist natürlich Unsinn — niemand in der Halle interessiert sich für sie —, aber die Zwangsvorstellung bewirkt, daß sich diese Leute tatsächlich ungeschickt und ungelenk bewegen und auf einen Betrachter etwas merkwürdig wirken.

Du glaubst vielleicht, solche Schwierigkeiten könnte man durch zur Schau gestelltes Selbstbewußtsein überwinden. Das kann man auch, aber dann wirkt das Auftreten oft anmaßend, hochnäsig und herablassend. Viele Menschen tun ja nur hochnäsig, weil sie in Wirklichkeit scheu und schüchtern sind.

Nein, freies Reden und sicheres Auftreten muß man lernen und, wenn es natürlich und überzeugend wirken soll, auch üben.

Freies Reden und sicheres Auftreten sind wichtig,

- um sich anderen mitzuteilen,
- um andere von den eigenen Ideen, Wünschen, Vorschlägen und Meinungen zu überzeugen,
- um sich gegen andere zu verteidigen.

Wenn Du mit dem Üben anfängst, denk zuerst noch mal an unseren Tip mit der Selbstbeeinflussung (Beeinflusse Dich selbst!) und lies ihn Dir ein zweites Mal durch. Dann vergiß Dein Kettchen nicht.

Hier eine Formel für Anfänger in der freien Rede:

„Ich weiß, daß ich gut sprechen kann.
Ich spreche ruhig und langsam.
Bevor ich anfange, überlege ich mir, was ich sagen will.
Leicht und fließend verbinde ich alle Wörter eines Satzes so miteinander, als ob der ganze Satz ein einziges Wort wäre. Ich bleibe ruhig und sicher und denke nur an das, was ich sagen will. Nur das ist wichtig."

Wenn Du alles im Sinn hast, kannst Du mit dem Training beginnen. Wir nennen es die **3 A-Technik:**

1 A: Das erste A bedeutet Auftritt. Wenn der Lehrer (oder der Diskussionsleiter) Dich aufruft, erhebst Du Dich, ohne Anzeichen von Mißmut in Deinem Gesicht und ohne Deinen Körper mühsam hochzustemmen (Du bist schließlich kein Bierfaß!).

Sei einfach
normal!

Selbst wenn Du gerade an etwas völlig anderes gedacht hast und gar nicht bei der Sache gewesen bist, versuch, es Dir nicht anmerken zu lassen. Jetzt bringst Du – noch am Platz – Pulli und Haare in Ordnung. Bloß nicht vorn stehen und an der Kleidung rumzupfen! Das zeigt so viel Unsicherheit, daß Dein Start (fast schon) verpatzt ist, bevor Du überhaupt den Mund aufgemacht hast. Nun gehst Du mit lockerem, natürlichem Gang nach vorne. Nicht hastig, aber auch nicht aufreizend langsam. Einfach normal.

2 A: Das zweite A bedeutet Atmung. Sobald Du vor der Klasse (oder Deinem Publikum) stehst, verlagere Dein Gewicht auf beide Füße. Gerade stehen! Mache einen ruhigen und selbstbewußten Eindruck, auch wenn Du bei Deinem Text oder Deiner Aufgabe unsicher bist (dann erst recht!). Dein Buch, Dein Heft, das Manuskript oder die Kreide hast Du in der rechten Hand. Der linke Arm hängt locker nach unten und steckt nicht in der Rock- oder Hosentasche. Jetzt zwei bis drei tiefe Atemzüge, ruhig und ganz langsam. (Lies bitte den Abschnitt ,,Atemtechnik – Die Blutatmung'', dann weißt Du, wie du es richtig machen mußt.) Deine Augen sind dabei gesenkt und geschlossen. Es darf ruhig jeder merken, daß Du Dich konzentrierst, daß Du das, was kommt, ernst nimmst. Während Du Dich konzentrierst, überlegst Du Dir die ersten Sätze, die Du sagen willst. Auf die kommt es entscheidend an. Später – nach den ersten paar Minuten – darfst Du Dir kleine Schnitzer, ,,Ähäm-Pausen'' und Versprecher leisten. Bloß nicht zu perfekt sein wollen!

Konzentration ist wichtig!

3 A: Jetzt kommt das dritte A: Augenkontakt. Bevor Du sprichst, schaust Du in die Runde, in die Augen Deiner Zuhörer. (Besonders wichtig: Auch dem Lehrer in die Augen sehen!) Dann blickst Du jemanden an, von dem Du weißt, daß er Dich mag, und zu ihm oder zu ihr sagst Du die einleitenden Sätze. Die ersten Augenblicke sind die allerwichtigsten. Ein sicherer, ruhiger Auftritt, einige Momente der Konzentration, ein fester Blick in die Gesichter des Publikums entscheiden bereits darüber, wie man Dich bewertet, wie man Dich einstuft und ob man Dir überhaupt zuhört.

Wer mag Dich?

Nicht fummeln, zappeln, trippeln, an die Decke gucken.

Nutz jede Gelegenheit aus, freies Sprechen und öffentliches Auftreten zu üben und zu lernen. Schüchternheit, linkische Bewegungen, Verhaspeln und Rumstottern kannst Du durch Training beseitigen. Sei also kein Frosch, sondern melde Dich zu Wort und rede mit:

in der Klasse, bei Diskussionen, am Familientisch. Verkrieche Dich nicht hinter Deinem Vordermann. Angst ist überflüssig. Wenn Du Dich ganz auf das, was Du mitzuteilen hast, einstellst, denkst Du gar nicht mehr daran, was die anderen vielleicht über Dich sagen könnten oder was Du momentan für eine Figur machst. Konzentriere Dich, und sofort verschwinden alle körperlichen Unsicherheiten.

Übrigens kannst Du Dein Auftreten auch zu Hause vor dem Spiegel üben. Das hat mit Eitelkeit wenig zu tun. Der Spiegel ist ein nützliches Kontrollinstrument, das zum Beispiel jeder Schauspieler für seine Arbeit benutzt. Und so wird es gemacht: Steh oder sitz vor dem Spiegel und schau auf Deine Nasenwurzel. Drei Minuten lang. – Schwierig? Siehst Du, wie fahrig, nervös und unsicher Deine Augen sind? – Wenn nötig, übe diese Art der Selbstbetrachtung einige Tage oder auch Wochen.

Aber sprich mit niemandem darüber. Die anderen, die in Wirklichkeit dasselbe wollen und machen wie Du, lachen dann, und das macht Dich unsicher. Deine Arbeit an Dir selbst geht niemanden etwas an. Erst wenn Deine Augen ruhig, fest und selbstsicher sind, hast Du Fahrigkeit und Schüchternheit verloren.

Daß Du nicht nur Deine Kleidung überprüfen, sondern auch Deine Haltung und Deinen ganzen Vortrag vor dem Spiegel proben kannst, darauf bist Du natürlich mittlerweile selber schon gekommen. Der Spiegel ist ein objektiver Kritiker. Arbeite mit ihm.

Bei welchen Gelegenheiten will/werde ich in der nächsten Zeit „ein Wörtchen mitreden"?

Situation/Ort	Thema	Was ich zu sagen habe

Kapitel 3:
Dein Körper

„Du bist reicher, als Du denkst"

Vor ungefähr vierzig Jahren wurde sehr viel über ein damals neues Buch gesprochen. Das hieß: „Du bist reicher, als Du denkst" und beschäftigte sich mit den verschiedenen Möglichkeiten und Maßnahmen, die man vorbeugend treffen kann, um sich gesund zu erhalten. Mit Reichtum war natürlich der menschliche Körper gemeint, den jeder bei der Geburt sozusagen als „Startkapital" mitbekommt.

Der Körper – Dein „Startkapital"

Keine Angst – wir wollen Dich jetzt nicht mit ollen Kamellen und staubigen Wälzern langweilen, sondern erwähnen das Buch nur, weil es einen wirklich guten und treffenden Titel hatte. Jeder sieht wohl ein, daß ein gesunder Körper ein großer Reichtum ist. Das ist geradezu eine Binsenwahrheit, an die wir trotzdem meistens nicht denken. Wie anders wäre es sonst möglich, daß so viele Menschen ihren Körper vernachlässigen oder – wider besseres Wissen – sogar systematisch kaputtmachen.

Bei klugem Einsatz und richtiger Pflege trägt ein Kapital Zinsen. Es ermöglicht seinem Besitzer, Pläne zu verwirklichen, Ziele zu erreichen, sich selbst und anderen nützlich zu sein. Mit dem Körper ist das genauso. Wer dieses Kapital nicht arbeiten läßt oder gar verwirtschaftet, indem er raucht, frische Luft wie die Pest meidet, sich überfrißt, unnötige Schlankheitskuren macht, sich wie eine Efeuranke an Sesseln und Sofas anklammert und mit krummem Rücken vor Schreibtisch oder Fernseher hockt, wird bald zu einer mißmutigen, trübsinnigen Gestalt, mit saurer Miene, schlechter Laune und Wehwehchen an allen Ecken und Enden. Mißmutig und trübsinnig – weil nämlich auch Seele und Geist unter dem vernachlässigten Körper zu leiden haben.

Nur in einem gesunden Körper wohnt ein gesunder Geist, sagt eine zweite Binsenwahrheit. Das klingt nach Belehrung (ist es auch!), und wer hört die schon gerne. Versuchen wir's mal in alltäglichem Umgangsdeutsch. Vielleicht hört es sich dann weniger steif und langweilig an: Wer okay sein will, muß dafür sorgen, daß auch sein Körper okay ist.

Du bist okay – Dein Körper ist okay

Die nächsten Abschnitte dieses Kapitels wollen Dir klarmachen, wie reich Du bist, und werden Dir zeigen, was Du mit Deinem Kapital anfangen kannst.

Was der Körper „erzählt"

Jeder menschliche Körper drückt den Zustand der Seele aus, die in ihm wohnt. Im Gegensatz zur Zunge kann er dabei nicht lügen. Angelernte Körperbeherrschung oder ängstliche Kontrolle der Gesichtszüge, mit denen ein Mensch verbergen möchte, wie es in seinem Inneren aussieht, halten immer nur für kurze Zeit, denn sie verlangen fast übermenschlichen Aufwand an Konzentration, den niemand lange durchhalten kann.

Der Körper lügt nicht!

Manchmal schaffen es Schauspieler, Politiker, Redner oder Verkäufer, stundenlang „das Gesicht zu wahren", aber irgendwann kommt auch bei ihnen der Punkt, wo sie erschöpft sind, wo sie sich entspannen und gehenlassen müssen. Dann fällt die Maske, und von einer Sekunde zur anderen zeigen Haltung und Gesichtszüge den „wahren Menschen", das, was er denkt und fühlt.

Gedanken und Gefühle sind nämlich starke Kräfte, die nach außen wirken und Haltung, Bewegung und Mimik bestimmen. Ist eine Seele dumpf, traurig, gedrückt, pessimistisch und voller Zukunftsangst – so drückt der Körper das durch fahle Haut, schleppende, träge Bewegungen, niedergeschlagenen Blick und hängende Mundwinkel aus. Ja, sogar das Haar erscheint stumpf und müde. Der Kopf wird vor- und eingezogen, die Schultern ziehen sich eckig hoch, der obere

Rücken beugt sich, das Gesicht muß mit Händen und Armen gestützt werden. Kurz – der ganze Mensch versucht, sich zu verkleinern, und sein Körper drückt aus, was die Seele am liebsten möchte: im nächsten Mauseloch verschwinden.

Dein Körper „spricht" also. Er hat seine eigene Ausdrucksweise, die anderen oft mehr über Dich verrät, als Dir manchmal lieb ist. Gedanken, die Du immer wieder denkst, formen, prägen und modellieren Dein Gesicht und Deine Gestalt. Füße, Hände, Schultern, die Haut, die Stirnpartie, der Blick und die Lippen sagen immer die Wahrheit. Du verstehst nun sicher, warum es so wichtig ist, optimistische, heitere, gute, positive, aufbauende, helfende und liebevolle Gedanken zu haben, denn natürlich zeigen Dein Gesicht und Dein Körper auch die. (Ein wichtiger Tip für Mädchen: Positives Denken ist die beste Schönheitspflege! Das wird Dir jede Kosmetikerin bestätigen. Neid, Mißgunst und Ärger hinterlassen im Gesicht häßliche Spuren, die kein Make-up und kein Lippenstift mehr zudecken können!)

Es gibt viele hochinteressante Bücher über Körpersprache, und wenn Du mehr darüber wissen willst, solltest Du Dich einmal in Deiner Schulbücherei oder Stadtbibliothek nach der richtigen Literatur umschauen. Du kannst eine Menge über Dich selbst und andere Menschen lernen, wenn Du diese Sprache verstehst. Allerdings mußt Du vorsichtig sein! Menschliches Verhalten ist so vielseitig kompliziert und unterschiedlich, daß Du niemals nur anhand flüchtiger Einzelbeobachtungen Urteile fällen darfst. Auch Du möchtest ja nicht nach einer Trauerweidenhaltung eingestuft werden, die Du mal mit einem verdorbenen Magen oder bei Liebeskummer an den Tag gelegt hast. Es gehören viele geduldige und unvoreingenommene Beobachtungen zusammen, wenn Du aus der äußeren Erscheinung eines Menschen auf sein inneres Wesen schließen willst. In diesem Zusammenhang ist noch eine Sache wichtig: Du weißt es bestimmt von Dir selber: Wenn ein Mensch sich überfordert fühlt und ständig im Streß ist, kann ihm das Leben richtig verleidet werden.

Überforderung kann das Leben verleiden!

Er geht gebeugt unter dem „schweren Rucksack" seiner Pflichten, und seinem Körper ist es ganz unmöglich, frei zu atmen, beschwingt zu laufen, eine straffe, selbstbewußte Haltung zu zeigen. — Schau Dich in Deiner Schule um! (Schau vielleicht auch mal in den Spiegel!) Siehst Du solche Leute?

Wir glauben, daß die vielen Haltungsschäden, die es heute bei Schülern und ganz jungen Leuten gibt, auch auf den Leistungsdruck zurückzuführen sind, der an manchen Schulen herrscht. Nimmt man nämlich die Unterrichtsstunden und die Zeit für Hausaufgaben zusammen, dann arbeiten viele Kinder länger als Schwerarbeiter in der Industrie. Kein Wunder, daß ihre Körpersprache nur Trauriges zu berichten weiß. Auch fleißigstes Körpertraining, Yoga, Heilgymnastik und orthopädisches Turnen helfen der verkrümmten Wirbelsäule wenig, wenn jeden Tag ein neuer schwerer Rucksack darauf gepackt wird.

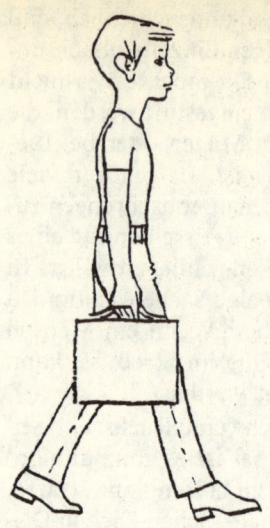 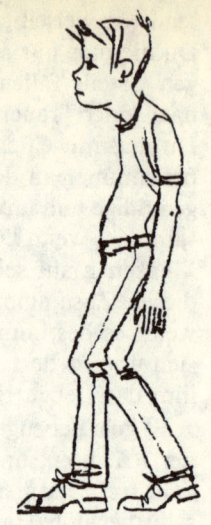

Die Schule ist wichtig, aber Du bist wichtiger!

Du hast ein
Recht auf
Freizeit!

Protestiere laut und deutlich, wenn Du am Tag nicht mindestens drei Stunden Zeit hast zum Spielen, Rumtoben, Radfahren, Lesen und Plattenhören. Geh auf die Barrikaden! Lies Deinen Eltern und Deinen Lehrern diesen Abschnitt vor. Wie alle Arbeiter und Angestellten hast Du ein Recht auf freie Zeit, in der sich Dein Körper entspannen kann. Das ist ungeheuer wichtig.

Sport ist okay

Um gesund zu sein, sich frisch und lebendig zu fühlen, ist es für jeden absolut notwendig, irgendeinen Sport zu treiben. Ausgenommen sind nur diejenigen Menschen, denen der Arzt ausdrücklich Bewegung verboten hat; aber die dürfte es kaum geben. Schwimmen, Radfahren, Ballspielen, tägliche Gymnastikübungen und Spaziergänge sind, wenn man einmal damit anfängt, bald nicht mehr unangenehme Pflichtübungen, sondern machen wirklich Spaß, und man mag ohne sie gar nicht mehr leben, wenn man sie sich zur Angewohnheit gemacht hat.

Sport ist Bewegung — Bewegung, die die Atmung vertieft, die Muskeln stärkt, die Gelenke schmiert, Aggressivität und Ärger ableitet, den Blutkreislauf antreibt. Das Blut zirkuliert schneller. Es strömt — angereichert mit viel mehr frischem Sauerstoff als sonst — in größerer Schnelligkeit und besserer Qualität durch alle Teile des Körpers. Das steigert das Lebensgefühl.

Du merkst, daß Du lebendig bist, daß Du Widerstände überwinden kannst — Du fühlst Dich wohl. Der Körper ist immer bestrebt, verausgabte Kraft zu ersetzen. Je mehr er sich verausgabt, desto mehr Kräfte muß er wieder sammeln. Das bedeutet also, daß sportliche Betätigung die Kräfte erhöht, und umgekehrt, daß der Körper geschwächt wird, wenn er niemals angestrengt und an seine Grenzen geführt wird. Dann bauen sich die Energiereserven schnell ab. Aber noch etwas anderes ist wichtig. Der Sport stärkt nicht nur den Körper, also die Gesundheit, sondern mobilisiert auch die geistigen Kräfte, denn er verlangt Konzentration: auf die Regeln, auf den Partner, auf die Sportgeräte. Je schneller die Bewegung wird, desto höher muß die Konzentrationskraft werden, um dem Körper Richtung und Ziel zu geben. Das gilt für jedes Alter und erklärt, warum manche ,,alten'' Leute beweglicher, kraftvoller und jünger sind als viele ,,jungen'' Leute. Das Alter hängt eben nicht allein vom Datum im Paß ab. Welche Sportart ist die beste für Dich?

Jede, die Dir Spaß macht und zu Dir paßt! Und wenn Du einmal länger krank gewesen sein solltest: jede, die Dir der Arzt erlaubt hat! Preiswerte Sportgeräte gibt es heute in riesiger Auswahl, und viele Sportarten kannst Du ohne Partner, ohne Platz, ohne Verein, ohne viel Geld und Aufwand ausüben: zum Beispiel Hantelturnen, Schattenboxen, Gymnastik, Expanderübungen, Radfahren, Schwimmen, Yoga, usw.

Sport macht stark — mangelnde Bewegung macht schwach!

Wähle ein oder zwei Sportarten, zu denen Du Lust hast. Wenn Du es darin auch noch zu guten oder gar meisterlichen Leistungen bringst – prima! Wenn nicht, macht das überhaupt nichts. Die meisten Leute auf der Welt schwimmen schlechter als Franziska von Almsick, aber viele von ihnen haben mindestens soviel Spaß im Wasser wie sie. Spaß, Geselligkeit und Heiterkeit gehören nämlich mit zum Sport. Vergiß das nicht.

Wenn Du Dich vor sportlicher Betätigung drückst, bringst Du Dich selbst um ein riesiges Vergnügen und Deinen Körper um die Möglichkeit, sich anzuspannen und zu entspannen, sich zu kräftigen und zu erholen. Sport ist okay und macht okay.

„Halt dich gerade, Junge!"

„Sitz nicht so krumm, Mädchen!" Diese lästigen Ermahnungen hat jeder von uns schon hunderttausendmal gehört – und leider meist nicht sehr ernst genommen.

Wie Du jedoch aus dem Abschnitt über die Körpersprache weißt, sind Körperhaltung, Hand- und Fußstellung, Gesichtsausdruck und Gang der sichtbare Ausdruck des Innenlebens. Ein gebeugter Rücken, übereinandergeschlagene Beine, klaffende Knie, sich um Stuhlbeine rankende Füße, verschränkte Arme, aufgestützte Ellenbogen, ein schlenkernder oder schleppender Gang sind nicht nur auf schlaffe Muskeln und innere Ängstlichkeit zurückzuführen, sondern sind vor allem Zeichen von Gleichgültigkeit und mangelnder Selbstdisziplin.

Ein Optimist läßt sich nicht hängen!

Körperhaltung und innere Einstellung entsprechen sich immer. Wer sich hängen läßt, neigt auch sonst zu Trübsinn. Ein Optimist ist schon von weitem an straffer Körperhaltung, lockeren Schultern und federndem Gang erkennbar.

Und so wie der seelische Zustand sich in der Körperhaltung ausdrückt, so wirkt die Körperhaltung auf den seelischen Zustand zurück — eine Katze, die sich in den Schwanz beißt. Wenn Du stundenlang mit krummem Rücken und eingeklemmtem Magen auf einem Stuhl hockst, wirst Du Dich kaum wundern können, daß Du hinterher mufflig bist und schlechte Laune hast.

Dein Körper hat die ideale Sitzhaltung, wenn der Rücken gerade, die Schultern nach hinten unten, Kinn und Hals im rechten Winkel, Ober- und Unterschenkel im rechten Winkel sind. Die Fußsohlen stehen ganz auf. Eine Stuhllehne ist eigentlich überflüssig. Hört sich mühsam an? — Ist es aber gar nicht. Probier's gleich mal aus! Wenn Du dabei Anstrengungen empfindest, wird es höchste Zeit, Dir genau diese Haltung anzugewöhnen. Beginne sofort und in diesem Moment damit: In ein bis zwei Wochen wirst Du ganz von selber so dasitzen, unbewußt und automatisch. Die richtige Haltung ist Dir dann genauso bequem wie Deine jetzige schlechte, die nur eine dumme Angewohnheit ist. Haltungstraining ein- bis zweimal wöchentlich genügt nicht. Du solltest *immer* richtig sitzen. Dein Leben lang. Beim richtigen Stehen verteilst Du das Körpergewicht gleichmäßig auf beide Füße. Sie stehen mit der ganzen Sohle auf, sind leicht gegrätscht und fast parallel. Also

nur die Fußspitzen ganz leicht nach außen setzen! Die
Knie werden nicht hart durchgedrückt, weil sie dem
Körper nämlich als eine Art Stoßdämpfer dienen.
Hier – und nicht im unteren Rücken – müssen Stöße,
Gleichgewicht und Bewegung ausbalanciert werden.
Deine Schultern sind locker nach hinten unten gerich-
tet. Du schiebst weder das Becken zur Seite noch den
Bauch vor, sonst stehst Du, als habe man Dich am hin-
teren Scheitel aufgehängt. Der Nacken ist lang und das
Kinn rechtwinklig zum Hals.

Kommen wir noch mal auf die Ermahnungen zurück. – Obwohl Du sie schon gar nicht mehr hören
kannst, sind sie doch nützlich. Mit einer guten Haltung

ersparst Du Dir nicht nur Wirbelsäulenverkrümmun-
gen, Nacken- und Kopfschmerzen, Doppelkinn, Ma-
genbeschwerden und vieles mehr, sondern sie wirkt sich
auch ganz entscheidend auf Dein Seelenbarometer aus.
Körperliche Selbstdisziplin baut Selbstvertrauen und
Optimismus auf, denn sie hilft Dir unter anderem auch,
besser auszusehen. Mit guter Haltung und Figur gefällst
Du Dir selbst (sehr wichtig!) und anderen einfach besser, und das erleichtert den täglichen Umgang. Nicht
zu reden davon, daß eine schicke Jeans-Jacke oder ein
neuer Pulli durch einen Buckel erheblich an Wirkung
einbüßen.

(Hier noch eine spezielle Notiz für Mädchen: Durch
krumme Schulter- und Rückenhaltung ruinierst Du Dir
Deinen Busen, noch bevor Du einen hast. Und wenn
Du schon einen hast, dann kann er auf die Dauer nur
durch eine richtige Haltung richtig gehalten werden.)

Kannst Du also das ,,Halt Dich gerade, Junge!'' oder
,,Sitz nicht so krumm, Mädchen!'' nicht mehr ertra-

gen, dann ermahne Dich doch selber! Das geht am besten so:

Mach Dir zwanzig kleine Kärtchen aus festem Pa-
pier, ungefähr 2 x 3 cm groß. Auf jedes dieser
Kärtchen schreibst Du nur ein Wort: *Haltung!*
Verteile sie in alle Deine Taschen: Hosen-, Jacken-,
Mantel-, Hemd-, Einkaufs-, Hand-, Kosmetik-,

Fahrrad- und Mopedtasche. Ein Kärtchen kommt ins Zahnputzglas, eins in die Serviettentasche, eins auf den Schreibtisch, eins ins Schreibetui, eins nimmst Du als Lesezeichen, eins befestigst Du vor dem Fernseher, eins vorm Radio, eins kommt in die Bastelecke, eins in die Werkstatt. Alle Gegenstände, die Du häufig benutzt, alle Plätze, an denen Du oft bist, erinnern Dich. Im Moment, wo Dein Blick aufs Haltungskärtchen fällt, kontrollierst Du Deinen Rücken.

Und zusätzlich kannst Du jetzt den Spieß noch umdrehen. Du ärgerst Dich nicht mehr über die Ermahnungen Deiner Eltern, sondern bittest sie ausdrücklich darum, Dich so oft wie möglich auf Deinen krummen Rücken aufmerksam zu machen. (Meist vergeht ihnen dann schnell die Lust!) Wenn sie aber trotzdem daran denken, ist es für Dich eine echte Hilfe. Kontrolliere von jetzt ab immer, sobald Du in der Nähe eines Spiegels oder einer Schaufensterscheibe bist, wie Du sitzt, gehst oder stehst. Jedesmal, wenn Du ein Haltungskärtchen siehst, zieh Dich am Scheitel hoch. Hochdenken, straff und selbstbewußt: „Mich wirft nichts um!" Auch wenn Du das Gardemaß von 1,80 m überschritten hast: gerade Haltung!

Solltest Du glauben, zu klein zu sein (wofür zu klein?) – dann bringt Dir eine tadellose Haltung mehr Wirkung ein als hohe Absätze. Jetzt erst recht!

Das oberste Gebot für eine gute Haltung heißt: *Immer daran denken!* Und zwar rund um die Uhr. Auch im Bett. Keine Kopfkissenberge, keine Rollen, keine Verknotungen. Schweres Heben und einseitiges Tragen (Schultasche) sind schädlich. Aber die größte Gefahr für den Rücken ist langes Sitzen in ruhiger Haltung (Schule, Büro, Auto, Fernsehen). Der Körper braucht ständig Bewegung – selbst im Schlaf dreht und wendet er sich ja. Es muß also zum *Drandenken* und zu den Haltungsschäden noch etwas hinzukommen. – Was? Die Antwort darauf gibt Dir die Überschrift des nächsten Abschnitts.

Sieh's positiv!

Immer dran denken!

55

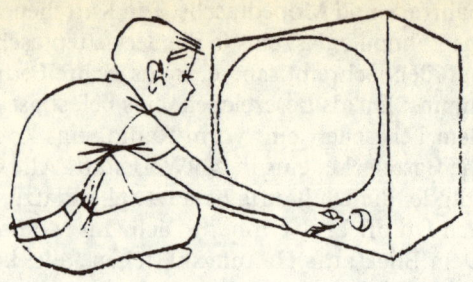

Körperübungen für gute Haltung

Baue die folgenden Konzentrationsübungen in Deinen Tagesablauf ein. Wenn Du daran gewöhnt bist, werden sie Dir so selbstverständlich wie Zähneputzen. Sie sind durch keinen Sport zu ersetzen. (Trotzdem ist zusätzlicher Sport notwendig.) Fang mit zehn Übungen, die Dir besonders schwierig vorkommen, an; das sind die wirkungsvollsten. Lieber wenig, dafür aber konzentriert atem- und körperbewußt üben. (Das ist besser als eine halbe Stunde mechanische Gymnastik!)

Nicht zu viel, aber konzentriert!

Jede Übung ganz langsam beginnen. In Zeitlupe! Sauber und korrekt ausgeführt, geben sie Kraft, Geschmeidigkeit und Gleichgewichtsgefühl. Die Geschwindigkeit steigert sich mit zunehmender Körperbeherrschung von selbst. – Es geht los!

1. Übung

Stehen. Fingerspitzen der rechten Hand auf die rechte Schulter, Fingerspitzen der linken Hand auf die linke Schulter legen. Kopf und Körper unbeweglich straff halten. Linken Arm hochstrecken, Ellenbogen durchdrücken. Oberarm berührt das Ohr, Handfläche zeigt zur Decke.

Rechten Arm gleichzeitig straff nach unten strecken. Unterarm berührt rechte Hüfte. Handfläche zeigt zum

Boden. Jetzt ziehst Du kräftig die beiden Arme in entgegengesetzter Richtung, bis Du die Wirkung zwischen den Schulterblättern verspürst. Dann gegengleich üben.

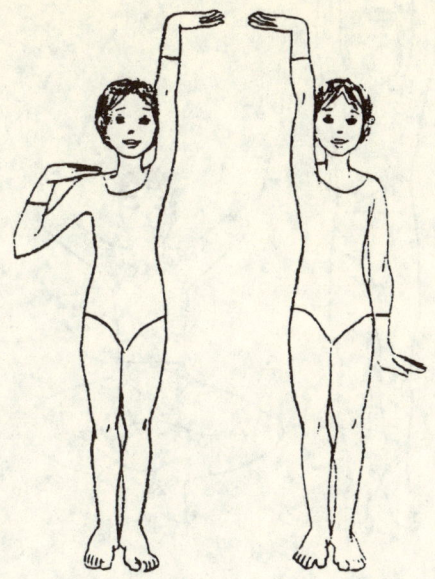

2. Übung

Stehen. Fußspitzen ganz nach außen drehen, Fersen zusammen, Knie auch nach außen. Langsam Arme seitlich bis über den Kopf heben, dabei auf die Zehen hochgehen, den ganzen Körper hochziehen und strecken, hochdenken. Kurz so stehen bleiben und dann ganz langsam *mit geradem Rücken* die Knie nach außen beugen und den Körper senken, bis das Gesäß die Fersen berührt. Tief und ruhig atmen. Arme senken.

Dann die Arme in Schulterhöhe ausstrecken. Langsam, ohne zu wackeln und immer noch auf den Fußspitzen, hochziehen, bis Du wieder mit gestreckten Beinen auf den Fußspitzen stehst und sich Deine Hände über dem Kopf berühren. Alles ganz langsam und konzentriert.

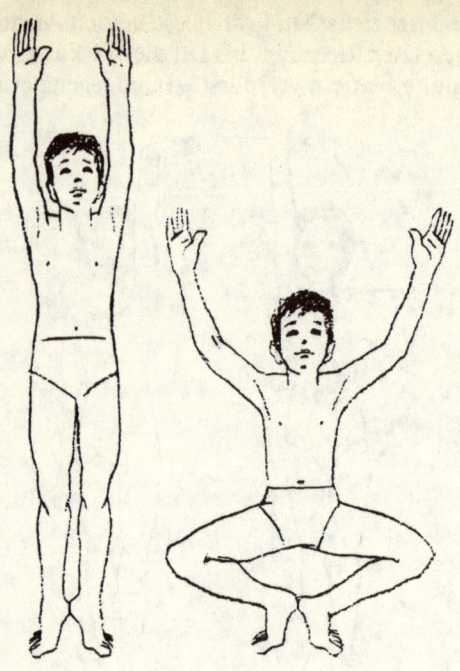

3. Übung

Mit Konzentration gegen Zappeligkeit!

Der „Baum" ist eine Yogaübung (mehr über Yoga im Anschluß an dieses Kapitel). Also: Konzentration und tiefe Atmung. Das wirkt gegen Zappeligkeit.

Steh auf dem rechten Bein. Linkes Bein seitlich hochziehen und mit der Fußsohle an der Innenseite des rechten Knies ansetzen. Arme über den Kopf heben. Rechte Hand umfaßt linken Ellenbogen, linke Hand umfaßt rechten Ellenbogen. Gesäßmuskeln und Oberschenkel dabei kräftig spannen. Tief atmen.

Ruhig stehen.

Dann Beine wechseln.

Kein Problem? – Nun, dann schließe die Augen dabei.

Immer noch nicht schwer? – Dann nur auf einer Fußspitze stehen.

Auch nicht schwierig? – Freu Dich. Deine Konzentrationskraft ist enorm. Wenn Du diese Übung in Dein
Tagesprogramm aufnimmst, verschwindet allmählich
die Zerfahrenheit.

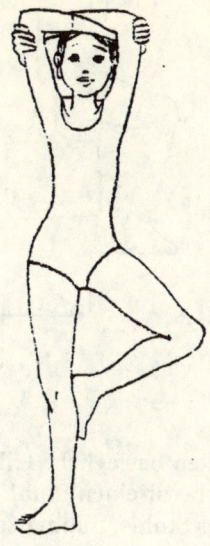

4. Übung

Treppen steigen und hinuntergehen ist ein gutes Bein-
und Rückentraining und prima für Herz und Kreislauf.
   Ohne Hilfe des Geländers, mit kerzengeradem
Rücken, nur die Beine und Füße die Arbeit tun lassen,
ohne den Blick auf die Stufen zu senken (anfangs vor-
sichtshalber doch). Zuerst wird sich Dein Herz stark
klopfend melden. Macht aber nichts. Auch hier ist Training alles.

Training ist
alles!

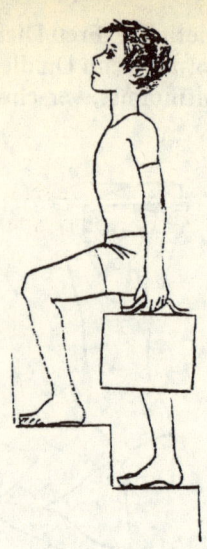

5. Übung

Macht den Rücken beweglich. Hilft gut nach langem Sitzen. Knie Dich vor einen Stuhl. Leg die Hände auf die Sitzfläche des Stuhls, nimm den Kopf zwischen die Arme und wippe mit dem Rücken auf und ab. (Dreimal täglich 50mal wippen!)

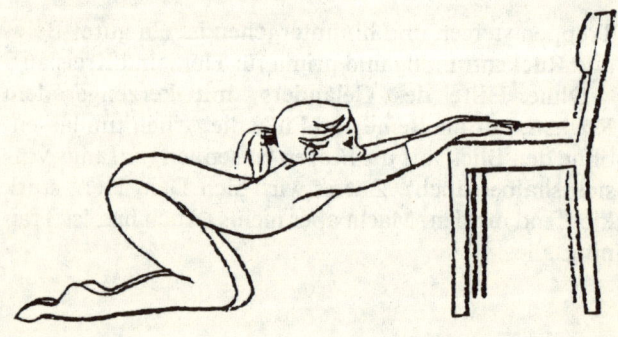

6. Übung

Winkelsitz: Beine straff spannen beim Sitzen. Oberkörper senkrecht, Hände ganz straff hoch. Hochdenken.
Fußspitzen vorziehen. Tief atmen. Diese Haltung so
lange beibehalten, bis der Schweiß zwischen den Schulterblättern strömt. Dann entspannen.

7. Übung

Eine schiefe Ebene bildest Du, indem Du aus dem Sitz
heraus die Hände hinten aufstützt, das Becken hebst,
bis Du nur auf Händen und Füßen stehst und Dein Körper mit dem Kopf eine Linie bildet.

Steigerung: Von der schiefen Ebene aus ein Bein heben, ganz gestreckt hochhalten, ohne den Po sinken
zu lassen. Dann Beine wechseln.

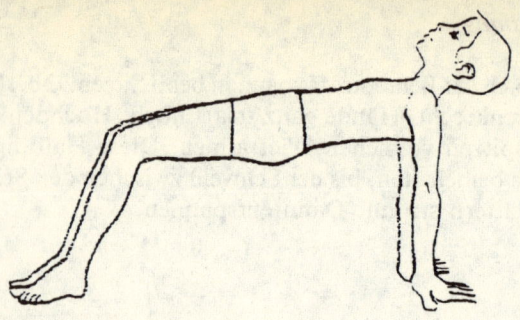

8. Übung

Wichtig: die
Atmung!

Leg Dich mit dem Bauch auf den Hocker (nur bei leerem Magen!). Einatmen. Kopf, Arme, Beine heben. Halten. Ausatmend senken. Dreimal.

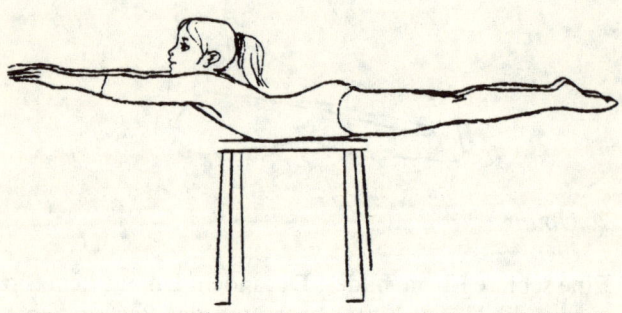

9. Übung

Setz Dich jetzt auf einen Stuhl oder Hocker. Ganze Sitzfläche benutzen. Aufrecht sitzen. Schultern locker. Augen schließen. Knie weit öffnen. Tief einatmen.

Dann Oberkörper zwischen die Oberschenkel sinken lassen. Arme und Schultern und Kopf locker hängen lassen. Ausatmen. Ganz entspannen und in dieser Haltung einige Male weiteratmen. Das durchblutet den Kopf.

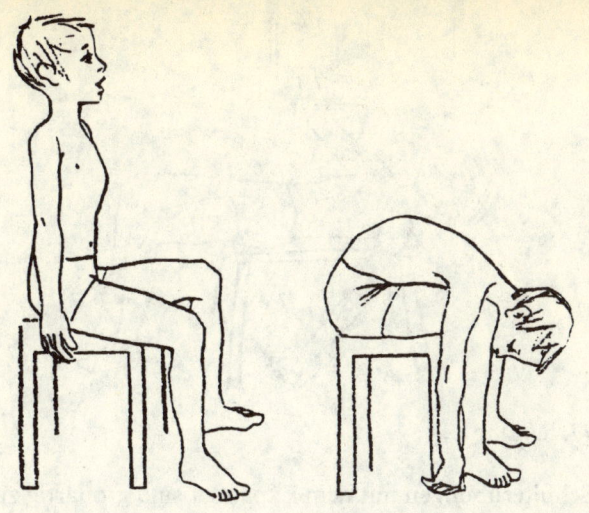

10. Übung

Gutes Schulter-, Hals- und Brusttraining.

Leg Dich mit dem Rücken auf einen Hocker oder eine kurze Bank. Der Rücken muß vom Hals bis zu den Hüften aufliegen. Fußsohlen auf den Boden aufsetzen. Füße parallel, Knie leicht geöffnet, Kopf und Arme werden in Körperebene gehalten.

Nimm in jede Hand ein Buch (die Bücher müssen gleich schwer sein), halte den Kopf mit dem Rücken in einer Linie und führe jetzt mit gestreckten Armen große und kleine Bögen aus. Die Bücher berühren einmal den Boden, werden dann hochgeführt, bis sie sich über Deinem Gesicht berühren. Wenn Du die Übung gut kannst, nimmst Du später schwerere Bücher.

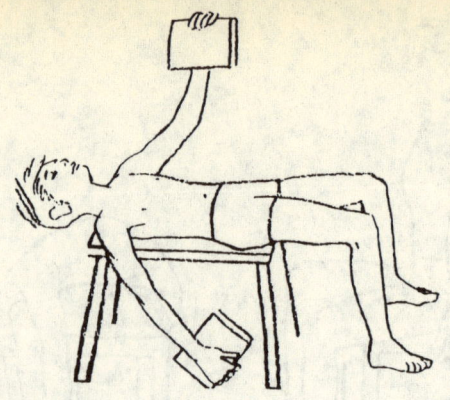

11. Übung

Schulterübungen mit dem Expander sind großartig zur Lockerung und Kräftigung von Nacken, Schultern, Busen.

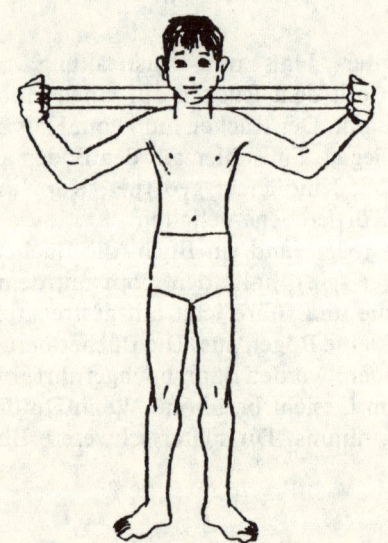

12. Übung

Dauerlaufen macht Spaß. Lauf gerade so schnell, daß
Du nicht schnaufen mußt, sondern Deinem Begleiter
noch ein Wort zurufen kannst oder mit Deinem Hund
in einem Tempo bleibst. Auch bei Regen und Nebel tut
Laufen gut. Vielleicht macht Dein Vater mit? – Er
kann's bestimmt gebrauchen. Mach ihm Mut! Und lauf
ihm nicht davon.

Noch ein Tip für die Schule

Wenn Du bemerkst, daß sich Müdigkeit, Gähnen und
Unlust anschleichen, der Unterricht aber leider noch
nicht zu Ende ist, dann hebe unter dem Schultisch die
Beine hoch. Zieh die Fußspitzen ganz kräftig vor, versuch, die Zehen zu bewegen, press die Gesäßmuskeln
eng zusammen, balle die Hände zu Fäusten und drück
kräftig zu. Diese Stellung einige Sekunden halten, tief
atmen. Das treibt den Kreislauf wieder an.

Gegen die
Müdigkeit in
der Schule

    Alle diese Übungen helfen Dir, eine straffe Körper-
haltung durch Stärkung der Muskulatur zu erreichen.
Das Wichtigste ist aber, daß Du immer, also den ganzen Tag, an die richtige Haltung denkst.

Denn wenn Du stundenlang so – also gekrümmt und rund – oder so – mit Hohlkreuz und hochnäsig –

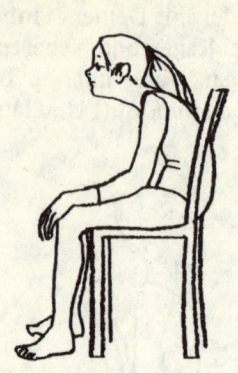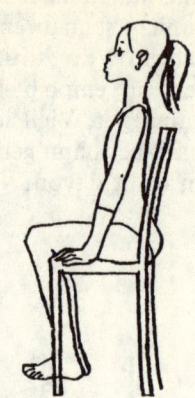

dasitzt, nützen Dir auch Übungen nicht viel.
So mußt Du sitzen:
Immer! Immer!

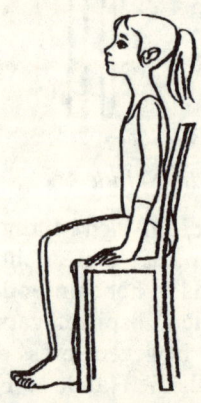

Jetzt noch ein paar andere Übungen. Das Wichtigste dabei ist, sie möglichst lange zu halten und tief, ruhig und langsam zu atmen. Der Erfolg stellt sich bald ein: Körperbeherrschung, Gelassenheit, Ausdauer.

Boot

Auf dem hinteren Teil des Gesäßes die Balance halten. Kopf hoch halten. Arme und Beine straff hochstrecken.

Kamel

Knien. Mit den Händen die Fersen umfassen. das Becken vordrücken, die Arme straffen, Schultern ganz nach hinten ziehen, Kopf mit leicht göffnetem Mund nach hinten hängen lassen.

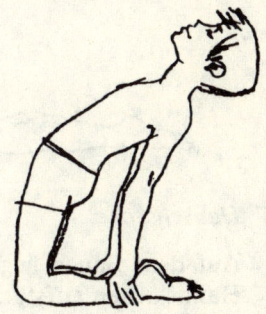

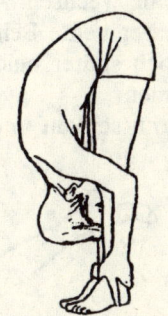

Sicherheitsnadel

Stehend, bei straff durchgedrückten Beinen, mit der Nase zwischen die Knie kommen. Versuch das auch mal im Sitzen.

Kobra

Auf dem Bauch liegen. Hände unter den Schultern aufstellen. Oberarme an die Rippen pressen. Beine lang ausstrecken.

Jetzt tief einatmen. Kopf in den Nacken schieben und sich mit Hilfe der Rückenmuskulatur hochziehen. Nabel bleibt am Boden. Nicht mit den Armen hochstemmen, sondern den Rücken arbeiten lassen. Oben halten. Dann ausatmend wieder senken. Entspannen.

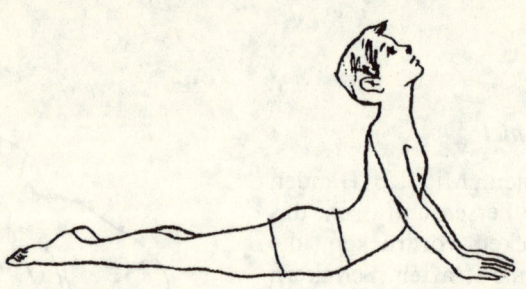

Heuschrecke

Auf dem Bauch liegen. Arme parallel zum Körper. Handflächen aufstützen. Kopf aufs Kinn. Einatmen, ein Bein lang gestreckt hochheben, so hoch wie möglich, halten, ausatmend senken.
Beine wechseln.
Später beide Beine gleichzeitig heben.
Noch später beide Beine heben und dabei mehrfach atmen.
Dann senken und entspannen.

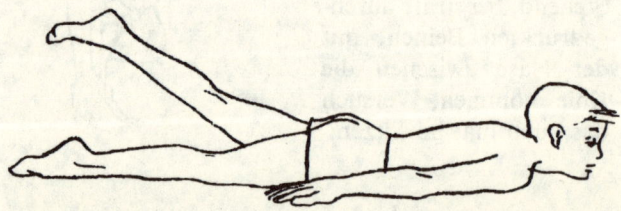

Balancehaltung

Vom Vierfüßlerstand aus rechtes Bein und linken Arm
gestreckt heben. Atmen. Nicht wackeln. Senken.
Dann linkes Bein und rechten Arm heben. Halten.
Atmen.
Nicht wackeln. Senken.
Die Zeit des Haltens immer länger ausdehnen.

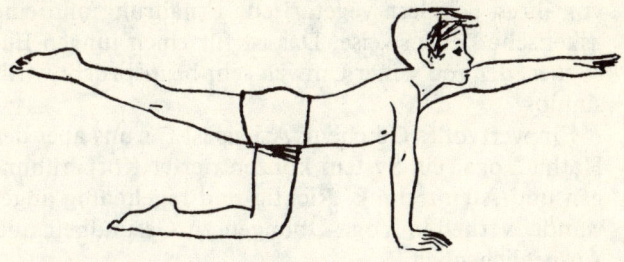

Päckchen

Knien. Füße lang machen. Stirn vor die Knie legen,
Hände hinter dem Rücken verschränken und Arme mit
durchgedrückten Ellenbogen hochführen, Richtung
Kopf. So hoch wie nur möglich halten. Dreimal.

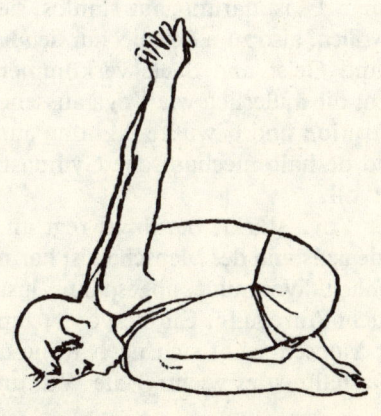

Yoga

Wenn Du Gelegenheit hast, in Deiner Stadt eine Yoga-Schule zu besuchen oder an Yoga-Kursen teilzunehmen, dann nutze diese Möglichkeit unbedingt aus. Achte aber darauf, einen geduldigen und einfühlsamen Lehrer zu finden, der Dich nicht allzusehr mit asiatischen Philosophien traktiert, denn mit Yoga wird heutzutage sehr viel Unsinn getrieben. Manche Yoga-Lehrer verlangen von ihren Schülern vegetarische Ernährung und eine asketische Lebensweise. Das ist für einen jungen Europäer, der von seiner Umwelt sehr beansprucht wird, sinnlos.

Yoga – gut für Gesundheit und Ausgeglichenheit!

Ein wertvolles Geschenk Asiens ist für uns aber der Hatha Yoga, ein System konzentrierter Körperübungen und Atemtechnik. Richtig und regelmäßig angewandt, verhelfen Yoga-Übungen zu Gesundheit und Ausgeglichenheit.

Außerdem machen sie wirklich Spaß. Yoga sollte deshalb ein fester Bestandteil Deiner morgendlichen Körperpflege werden, wie Zähneputzen und Duschen, und es wird Dir genauso unentbehrlich werden, wenn Du erst einmal daran gewöhnt bist. Viele berühmte Persönlichkeiten verdanken ihre Spannkraft und Leistungsfähigkeit diesem Übungssystem.

Der Grundgedanke ist: Körper, Geist und Seele sind untrennbar. Es ist darum ganz sinnlos, sie einzeln stärken zu wollen, also zum Beispiel nur den Körper zu trainieren und Geist und Seele verkümmern zu lassen. Übungen, die äußerlich wie Yoga aussehen, aber ohne Konzentration und bewußte Atmung ausgeführt werden, sind deshalb mechanische Gymnastik und weniger wertvoll.

Echter Yoga stärkt, beruhigt, regt an, gleicht aus.

Stärkend, beruhigend, anregend, ausgleichend

Der Idealzustand des Menschen ist harmonische Ausgeglichenheit. Wer müde, abgespannt, lustlos und träge ist, braucht Anregung. Ein nervöser, zappeliger, aufgeregter Mensch sehnt sich nach Ruhe und Entspannung. Deshalb ist es wichtig, die Wirkung der einzelnen Übungen genau zu kennen, um zu wissen, was man mit ihnen hervorruft oder beeinflußt. Im folgenden Abschnitt findest Du genau erklärte Übungen, die Du alleine zu Hause machen kannst. Du bist also auf eine Schule oder einen Lehrer nicht unbedingt angewiesen.

Der Sonnengruß

Der Sonnengruß — auch Sonnengebet oder Surya Namaskar genannt — ist eine Zusammenstellung von Übungen, die Dich rundum fit machen und halten, ohne daß Du Dich großartig anstrengen und bis zur Erschöpfung trainieren mußt. Schlaffe Muskeln, ein wabbeliger Bauch, schlecht durchblutete Haut, eine miserable Haltung — all das kannst Du getrost vergessen, wenn Du die Übungen regelmäßig ausführst.

Fit ohne Anstrengung!

Der Sonnengruß kommt aus Indien und wurde vom früheren Rajah von Aundh, dem Herrscher eines Hindustaates in der Nähe von Bombay, nach Europa gebracht. Der Rajah war ein alter Mann von über 70 Jahren, aber Leute, die ihn persönlich kennengelernt haben, bekamen vor Staunen den Mund nicht mehr zu. Denn kein verschrumpelter, müder Greis stand vor ihnen, sondern ein muskulöser, jugendlich wirkender Mann mit geschmeidigen und flinken Bewegungen, leuchtenden Augen, einem strahlenden Lächeln und hellwachem Geist. Er war in seinem Leben nie krank gewesen, nicht einmal erkältet, ein siebzigjähriger Mann, der fit wie ein Turnschuh war.

Du brauchst kein Bodybuilding und kein Kraftfutter, um sportlich, fit und strotzgesund zu werden und daneben auch noch hübsch, schlank und durchtrainiert auszusehen. Der Sonnengruß ist keine Turnübung, sondern eine Kombination aus Bewegung, Konzentration auf schöne Gedanken und tiefes Atmen. Das rhythmische Atmen belebt den Körper, weil es ihm Kraft und Energie zuführt. In asiatischen Ländern weiß man das schon seit Jahrtausenden, in Europa erst seit ein paar

Jahren. Viele Menschen, die sich für sehr klug halten, lachen über die Weisheiten des Orients. Laß Dich davon nicht beirren. Es gibt Kulturen, von denen wir viel lernen können, auch wenn manche Leute meinen, die anderen könnten nur von uns lernen. Der Rajah von Aundh war jedenfalls gesünder und vitaler als alle älteren Leute, die Du vielleicht kennst.

Wie Du sicher schon gehört hast, gibt es in Indien auch heute noch Fakire, die ihr ganzes Leben lang diese Methode der Selbsthypnose anwenden – genau wie ihre Vorfahren seit über 5.000 Jahren. Yoga ist damit eine der ältesten Entspannungsmethoden der Welt, und eine der wirkungsvollsten sowieso. Man unterscheidet die meditativen Übungen (dabei verharrt man regungslos in einer bestimmten Stellung) und die dynamischen (mit Bewegung verbundene Übungen), zu denen der Sonnengruß gehört.

Und was glaubst Du, wieviel Zeit Du für alle zehn Übungen brauchst? Keine Stunde, keine halbe Stunde, nicht einmal zehn Minuten, sondern höchstens fünf Minuten brauchst Du für das komplette Programm, Fortgeschrittene schaffen es sogar in zwanzig Sekunden, und das ohne Hektik, sondern in aller Ruhe und Gelassenheit. Die Ausrede, keine Zeit zu haben, zieht also nicht. Die paar Minuten kannst Du Dir immer nehmen, und wenn Du noch so viel zu tun hast. Ganz wichtig: Denk an schöne Dinge, wenn Du die Übungen machst, vergiß nicht zu lächeln. Leg Dein Herz in die Übungen, und Du wirst schon bald die Freiheit und Kraft in Dir fühlen, die Dich unschlagbar macht. Schöne und heitere Gedanken machen schön, froh und heiter und sind das beste Schönheitsmittel (das gilt nicht nur für Mädchen).

Du fragst Dich noch immer, warum Du die Übungen machen sollst und was sie Dir bringen? Dann stell Dir doch mal ein Auto vor, das jahrelang in der Garage steht und nie gefahren wird. Wenn dann jemand den Zündschlüssel herumdreht, dann passiert – nichts. Die Batterie ist leer, Zündkontakte und Zündkerzen sind verrostet, der Vergaser ist verschmutzt, Leitungen und Schläuche sind verrottet, die Reifen sind platt. Mit anderen Worten: Das Auto ist völlig fahruntüchtig und muß von Grund auf überholt werden, damit es wenigstens anspringt. Wenn Du dagegen mit einem Auto ständig auf der Autobahn nur Vollgas mit durchgetretenem Bleifuß fährst oder es im dritten Gang hochziehst, bis der Motor jault, dann ist es nur eine Frage der Zeit, bis Du mit Motorschaden am Straßenrand stehst. Ein Auto jedoch, das regelmäßig gefahren wird, weder im zu niedrigen noch im zu hohen Tourenbereich (das sind die Umdrehungszahlen des Motors), kann sehr lange halten. Was für ein Auto gilt, gilt auch für den Menschen:

Untätigkeit schwächt.
Überanstrengung schädigt.
Übung stärkt.

Untätigkeit schwächt, Überanstrengung schädigt, Übung stärkt.

Wer also überhaupt nichts tut, wird schlaff, faul und schwach. Wer zu viel trainiert, zu schwere Übungen macht, zu extrem Leistungssport betreibt, schädigt auf Dauer seine Gelenke, Sehnen und Knochen. Viele, viele Hochleistungssportler haben deshalb Rücken- und Knieprobleme. Wer aber vernünftig und regelmäßig Yogaübungen macht, der stärkt seinen Körper und damit auch seinen Geist und seine Seele, die ja, wie Du inzwischen weißt, untrennbar zusammengehören. Ist das nicht Grund genug? Übung stärkt. Aber nur, wenn Du täglich und in Maßen übst und nie so viel, daß Du nachher müde und erschöpft bist.

Es gibt Yoga-Schulen, die lehren nur den Sonnengruß, denn diese Übungsreihe enthält „alles" und ist das beste und gehaltvollste Training, das Du finden kannst. Alle Muskeln, Sehnen, Bänder, Wirbel, Gelenke und Organe werden gepreßt, gedehnt, durchblutet, durchatmet und mit neuer Lebenskraft erfüllt. Überflüssiges Fett, ja sogar Harnsäureablagerungen werden abgebaut. Runde Schultern, ein krummer

Rücken und uralte Bandscheibenschäden können verschwinden.

Zehn einzelne Übungen schließen den Sonnenkreis. Erlerne sie Schritt für Schritt. Arbeite an jeder Einzelübung so lange, bis Du sie wirklich genauso exakt kannst, wie sie hier beschrieben und abgebildet ist — auch wenn das Ganze Wochen dauern sollte. Anfangs nie übertreiben, aber immer bis an die Grenzen Deiner Kraft gehen, denn wer seine Grenzen niemals erweitert, bleibt immer bei dem Können, das er sowieso schon hat.

Mach Dir also bitte die Mühe und geh sehr sorgfältig und korrekt vor. Wenn Du den ganzen Sonnengruß kannst, führ ihn immer schneller (aber nicht schlampig) und öfter aus. So steigerst Du Deine Leistungsfähigkeit immer mehr.

Atem ist
Leben!

Das Wichtigste ist die Atmung und Konzentration auf jeden einzelnen Schritt. An nichts anderes denken. Atmen ist Leben. Tiefes Atmen ist der beste Kraftspender. Je tiefer Du atmest, desto besser und wirkungsvoller ist die Übung. Aber bitte, immer nur durch die Nase ein- und ausatmen! Das ist ungeheuer wichtig! (Der Mund ist zum Sprechen und Essen da, die Nase zum Riechen und Atmen).

Yoga bedeutet Disziplin: körperliche, gedankliche, atemtechnische Selbstbeherrschung. Wer sich nicht beherrschen kann, wird auch niemals andere Menschen beeindrucken.

Fang an!

Alles Neue ist nur so lange anstrengend, bis es zur Gewohnheit geworden ist. In drei bis vier Wochen kannst Du den ganzen Sonnengruß. In zwei Monaten schaffst Du ihn in einer halben Minute dreimal hintereinander.

Trainiere
regelmäßig!

Versuch, auf achtmal zu steigern. Das mach dann bitte immer! Aber denk dran: Besser wenig und richtig üben, als viel und mechanisch, gedankenlos und zerfahren. Dann laß es lieber bleiben.

Der Sonnengruß verhilft zu körperlicher Geschmeidigkeit, tadellosem Kreislauf, Schlankheit und Frische, gut funktionierender Verdauung, prima Morgenlaune, innerer Ruhe und hoher Konzentrationskraft.

Das sind große Versprechungen, die der Sonnengruß aber hält — wenn Du ihn richtig und täglich machst. Du wirst es erleben!

1. Grundstellung: einatmen und steif machen

Ein Handtuch bietet gute Kontrolle für die Hand- und Fußstellungen.

Steh kerzengerade, Füße eng und parallel zusammen, Handflächen gegeneinander gelegt, Schulter locker. Blick auf einen Punkt.

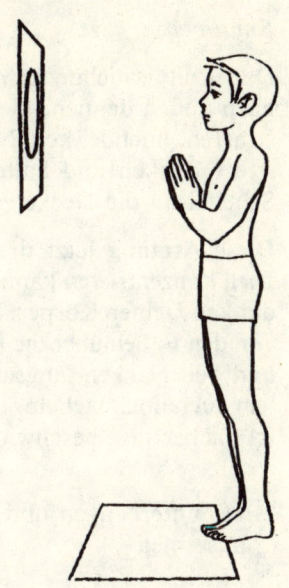

Ideal wäre es, jetzt in die Sonne zu schauen. Das kann man ja morgens noch, deshalb heißt diese Übung auch Sonnengruß. Sie macht munter und fit für den ganzen Tag. Im Sommer kannst Du vielleicht auf den Balkon gehen. Im Winter öffne das Fenster und schau immer auf einen Punkt: vielleicht ein schönes Bild, vielleicht die Zeichnung einer strahlenden Sonne, die Du Dir selbst malst. Je schöner, desto besser.

Nicht vergessen: lächeln!

Ausatmen:

Dabei die Bauchdecke so stramm zurückziehen, wie es nur geht. Regt kräftig die Verdauung an und läßt das Bauchfett schmelzen.

Einatmen:

Dabei die Bauchdecke nach vorn weiten, die Rippen nach außen dehnen, die Schultern nach hinten unten straffen, hochdenken, Nacken lang. Also so hoch und straff denken und halten, daß Du meinst, mit dem Scheitel an die Decke zu stoßen.

Diese Atmung jetzt dreimal wiederholen, damit Du Dich konzentrieren kannst. Durchwandere dabei in Gedanken Deinen Körper. Mach ihn ganz starr und steif, von den Füßen über die Beine, die Hüften, den Rücken und den Nacken langsam hochwandern. Und bei allem auch noch lächeln. Dann wirst Du Dich gleich viel fröhlicher und beschwingter fühlen.

2. Hinunterbeugen und
   ausatmen

Für einen
starken
Willen!

Vom Hüftgelenk aus mit der Beugung beginnen und so tief hinunterdrükken, daß die Stirn auf den durchgedrückten Knien liegt. Fersen und Handwurzeln mit ganzer Handfläche fest auf den Boden drücken. Atem bis zum letzten Rest kräftig ausstoßen, Blick auf den eingezogenen Bauch richten.

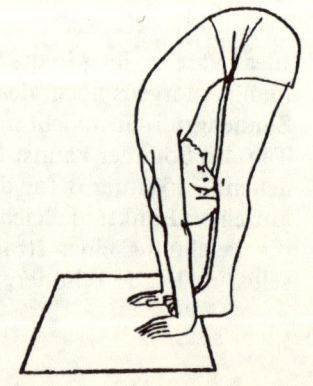

(Diese Übung ist fabelhaft für den Rücken. Wenn Du die Handflächen noch nicht auf den Boden bekommst – nicht verzweifeln! Mit jeder Übung geht's ein bißchen besser. Der Körper will zwar behutsam, aber liebevoll-streng behandelt werden. Nicht brutal ziehen, aber doch etwas weiter, als Du es angenehm empfindest. Beine und Hüften werden gestrafft und stark durchblutet. Das Rückgrat wird gedehnt und gestreckt. Der Wille wird gestärkt, denn schon dieser erste Schritt erfordert Überwindung.

3. Rechtes Bein zurück – einatmen

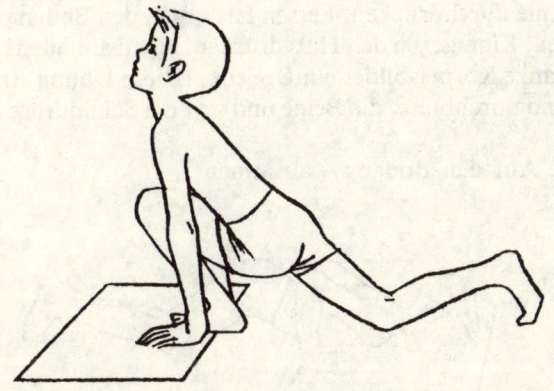

Hände bleiben wie angeklebt bis zum Schluß der Übung am Platz. Tief einatmen – Arme straff halten.

Aufs rechte Knie runtergehen, rechten Fuß auf die Zehen stellen. Kopf hoch. Augen auf die gemalte oder echte Sonne.

Linkes Knie zwischen die Arme! Hände weichen nicht aus.

Oberkörper fest auf linken Oberschenkel pressen. Atem anhalten.

4. Dreieck bilden — Atem anhalten.

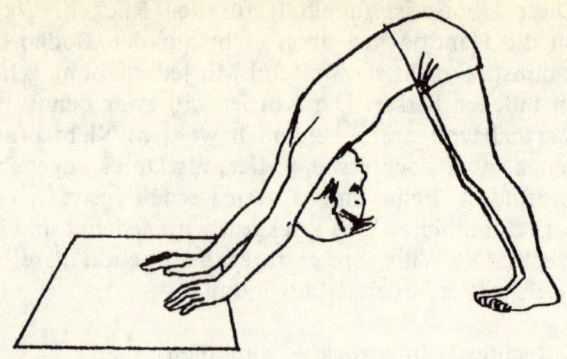

Gesäß heben. Linkes Bein neben rechtes Bein stellen. Knie durchdrücken. Fersen fest gegen den Boden pressen. Kinn gegen den Hals drücken. Atem anhalten! Der ganze Körper bildet ein Dreieck. (Diese Übung strafft und durchblutet die Beine und regt die Schilddrüse an.)

Strafft, durch-
blutet, regt
die Schild-
drüse an

5. Auf den Boden — ausatmen

Handflächen am selben Platz!
 Ausatmend fallen lassen.
 Stirn, Nase, Brust, Knie und Zehen berühren den Boden.
 Unterleib so hoch vom Boden halten, wie es nur geht. Bauchdecke kräftig einziehen.
 (Das stärkt Hand- und Armgelenke, baut Bauchfett ab und macht beweglich und geschmeidig.)

Macht beweg-
lich und
geschmeidig!

6. Oberkörper heben – einatmen

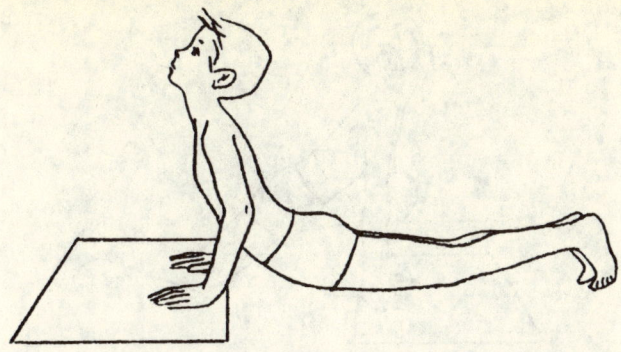

Zehen, Knie, Hände und Bauch berühren den Boden.
Arme strecken – einatmen.

Kreuz zurückbiegen. Hals gestreckt. Mund leicht geöffnet. Augen auf die Sonne. (Brustkorb und Busen
werden entwickelt und gefestigt; Halskrankheiten ge-
lindert.)

Gut für die
Brust!

7. Wieder Dreieck bilden – Atem anhalten

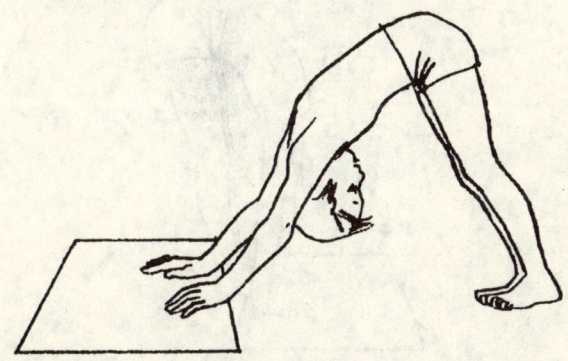

Übung 4 wird hier wiederholt.

Fersen am Boden. Knie durchdrücken. Kinn auf den
Hals pressen.

8. Linkes Bein zurück — Atem anhalten

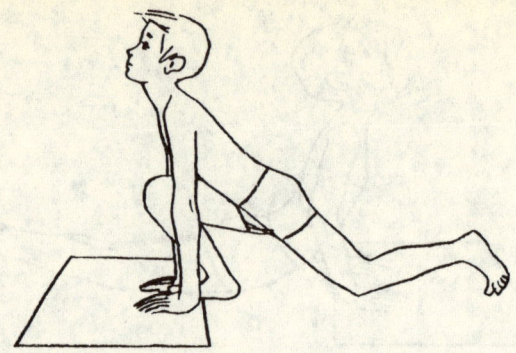

Hier wird Übung 3 mit dem linken Bein zurück wiederholt. Hände am Platz. Atem anhalten. Arme straff.

Aufs linke Knie hinuntergehen, linken Fuß auf die Zehen stellen. Kopf hoch! Augen auf die Sonne. Rechtes Knie zwischen den Armen durchstrecken. Körper fest auf den rechten Oberschenkel pressen.

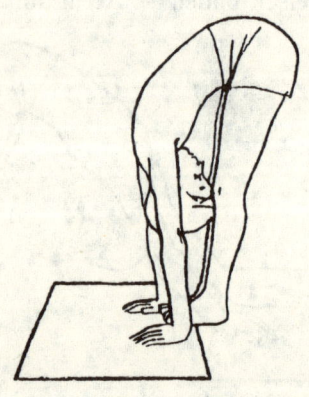

9. Hinunterbiegen — ausatmen

Wie Übung 2. Ausatmen. Ganze Fußsohlen, ganze
Handflächen am Boden. Arme und Beine straff. Stirn
auf den Knien. Blick auf eingezogenen Bauch.

10. Grundstellung — einatmen

Dreimal tiefe, ruhige Bauchatmung.
Augen auf die Sonne!
Lächeln.

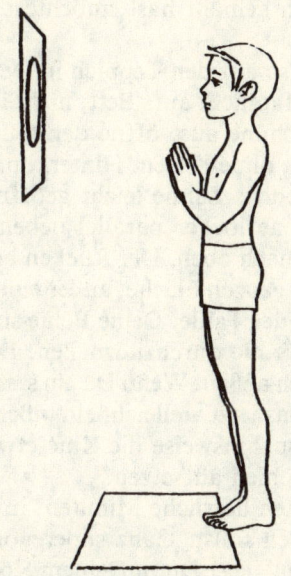

Entspannungstechnik

Nachdem Du jetzt viel und angestrengt geturnt hast, hast
Du Dir das Gegenteil von Tätigkeit und Anspannung
verdient, nämlich *Entspannung – Ruhe – Loslassen*.

Wichtig ist für Dich, daß Du in Deinem Tagesablauf
das richtige Gleichgewicht zwischen beiden Gegensätzen findest. Wenn Du lange unbeweglich in der Schule
oder am Schreibtisch gesessen und Dich geistig angestrengt hast, überkommt Dich das ganz natürliche Bedürfnis nach Bewegung. Du möchtest laufen, springen,
toben, lachen und albern sein. Nachdem Du Dich aber
ausgetobt hast, viel radgefahren bist, geturnt und sogar den Rasen gemäht hast, möchtest Du Dich ausruhen.

Leg Dich also auf den Teppich in Deinem Zimmer.
Nicht aufs Sofa, nicht aufs Bett, nicht in einen Sessel.
Zieh Deine Schuhe aus, öffne den Gürtel. Leg Dich
ganz flach hin, ohne Kissen. Hinterkopf und Schulterblätter am Boden, Zähne leicht geöffnet, Augen geschlossen, Arme locker parallel neben dem Körper,
Handflächen nach oben. Der Rücken berührt den Boden mit seiner ganzen Fläche, außer einem Finger breit
„Luft" unter der Taille. Deine Beine streckst Du lang
aus, ohne die Knie durchzudrücken. Deine Füße fallen schlaff nach außen. Wenn Du ein starkes Hohlkreuz
hast, tut Dir das jetzt vielleicht ein bißchen weh. Dann
darfst Du ausnahmsweise die Knie etwas hochziehen
und die Fußsohlen aufsetzen.

Jetzt kommen herrliche Minuten, in denen Du nur
an Dich denken sollst. Ganz superegoistisch!

In Gedanken gehst Du in Deinem Körper auf Wanderschaft. Beginn beim rechten Fuß. „Durchdenke"
und löse alle Muskeln und damit alle Spannungen in
den Zehen. In Gedanken umkreist Du Dein Fußgelenk,
lockerst es, streichst langsam über Schienbein und
Wade, umspielst Dein Knie und umspannst die Innenseite des rechten Beines vom Knie bis zu den Hüften
hinauf.

Dein rechtes Bein ist jetzt völlig schlaff, ohne jede Spannung. Du fühlst es in seiner ganzen Länge und Breite.

Nun wandern Deine Gedanken zum linken Fuß. Von dort aus entdeckst und entspannst Du Dein linkes Bein in der gleichen Weise. Dein Atem geht langsam und tief. Jetzt löst Du die Gesäß- und Beckenmuskulatur. Die Bauchdecke wird ganz locker, Schultern, Arme, Hände, jeder einzelne Finger, Nacken, Stirn, Wangen, Lippen, Unterkiefer — alles entspannen und fallen lassen. Jeden Willen herausnehmen.

Herz und Atem sind völlig ruhig und gleichmäßig. Eine wohlige Mattigkeit hat Dich überflutet. Du fühlst Deinen Körper gar nicht mehr. Leicht, warm und wohlig treibt er dahin, hebt und senkt sich mit der Atmung. **Den Körper „vergessen"!**

Diese Entspannung im Liegen ist nicht so einfach, wie sie sich anhört. Wie mit allem, was Du neu lernst, geht es zuerst nicht so glatt. Die Gedanken hüpfen immer wieder davon, und nicht alle Muskeln wollen sofort gehorchen.

Aber jeder neue Versuch bringt Dich weiter. Jedesmal geht es ein bißchen besser und schneller. Nach ungefähr drei Wochen brauchst Du Dich (wenn Du täglich geübt hast) nur lang auf Deinem Teppich auszustrecken (möglichst immer auf derselben Stelle!), die Augen zumachen — und schon kannst Du den Körper „vergessen". Bist Du ängstlich und nervös, dauert es etwas länger.

Wenn Du Dich aber zwingst und unbedingt entspannen willst, geht es überhaupt nicht, denn Dein Wille ist genau das Gegenteil von Lösung, Loslassen und Ruhe. Hier ist er also falsch am Platz. Warte einfach geduldig ab! Die Entspannung, dies herrlich erholsame Gefühl des Gleitens und Schwebens, kommt bestimmt. Es kann sogar sein, daß Du dabei einschläfst. Das ist gut. **Nicht zwingen — loslassen!**

Ein Nickerchen von 15 bis 25 Minuten nach dem Mittagessen oder nach anstrengendem Sport erfrischt herrlich. Für die nächsten Stunden bist Du dann fidel und putzmunter. Damit Du aber nicht zu lange und zu tief schläfst (dafür ist die Nacht da!), sagst Du Dir vor dem Durchwandern und Entspannen Deiner Glieder: ,,In 20 Minuten wache ich frisch und munter auf!'' Dein Unterbewußtsein läßt Dich nach genau 20 Minuten aufwachen. Diese Gewohnheit baut sich sehr schnell auf.

Nun kommt ein wichtiger, leider sehr oft vernachlässigter Teil der Entspannungstechnik: das Reaktivieren, das bedeutet, den Willen wieder einzuschalten. Bitte niemals vergessen! Du reckst die Arme weit über den Kopf, dehnst und streckst Dich und ziehst Dich ganz lang. Drück die Fußspitzen kräftig hinunter, zieh sie wieder ganz hoch, drück das Gesäß zusammen, zieh den Bauch ein − dann laß alles wieder locker.

Nochmals räkeln, gähnen, laut seufzen − so wie eine Katze. Laß Dir Zeit. Sag dabei laut und fröhlich: ,,Ich freue mich, daß ich lebe!''

Niemals sofort aufspringen!

Genauso sorgfältig, wie Du Dich entspannt hast, mußt Du auch Deinen Kreislauf wieder in Schwung bringen. Jetzt langsam und wirklich geruhsam aufstehen. Nochmals genüßlich gähnen, strecken und seufzen. Du fühlst Dich wie neugeboren.

Sprich nicht mit zu vielen Leuten über all die neuen Dinge, die Du jetzt tust. Hämische, abfällige oder spöttische Bemerkungen, auch wenn sie gar nicht bös gemeint sind, verunsichern Dich und nehmen Dir den Mut und die Lust zum Weitermachen.

Laß Dich nicht verunsichern. Die Entspannung ,,klappt'' nicht sofort. Halte trotzdem durch! Du wirst belohnt mit Wohlbefinden und Selbstvertrauen. Natürlich brauchst Du aus Deinem Training keine Geheimniskrämerei zu machen, aber bitte häng es auch nicht an die große Glocke.

Wenn Du im Sitzen entspannen willst, geht das so: Gürtel lockern, Knie weit öffnen. Die Fußflächen ganzflächig auf dem Boden. Beine und Hüften sind ganz locker. Tief einatmen und den Oberkörper ausatmend nach vorn sinken lassen. Dein Kopf hängt locker zwischen Deinen Knien. Die Unterarme stützen sich auf Deine Oberschenkel. Augen schließen. Auch die Ohren „schließen", indem Du Gedanken und Aufmerksamkeit nach innen wendest und erforschst, wie Dein Atem geht. Beim Ausatmen ziehst Du Deinen Leib ganz zurück. Mit aller Kraft. Damit preßt Du alle Restluft heraus. Das Einatmen kommt jetzt ganz von selbst, tief und langsam, ohne Dein Zutun. Dabei wölbt sich Dein Leib weit vor. So bekommt das Zwerchfell, das quer im Körper liegt, Platz, um sich nach unten auszudehnen. Nun können sich Deine Lungen mit viel frischem Sauerstoff vollsaugen.

25mal wiederholst Du diese Vollatmung. Bitte beim Einatmen nicht im Rücken nachgeben und den Bauch rausstrecken, sondern das Vorwölben nur durch den Atmungsvorgang geschehen lassen. Leichter Kopfdruck bis Schwindelgefühl ist anfangs möglich. Das kann entstehen, weil sich die Gehirnzellen durch die Tiefatmung — die vermehrt Blut einschleust — etwas dehnen.

Dadurch werden die Zellwände aber bald wieder elastischer sein. Bleib einfach noch etwas sitzen, bis der Druck vergeht.

Reaktiviere Deinen Kreislauf gründlich, indem Du die Arme weit zurückdehnst, Dich reckst und gähnst, die Augen weit aufreißt, die Beine hebst, so daß sie parallel zum Boden ausgestreckt sind, und die Zehen ganz nach vorn ziehst. Hände und Füße kreisen lassen und laut und fröhlich sagen: „Ich freue mich, daß ich lebe!"

Für die Entspannung im Sitzen versuchst Du, möglichst allein zu sein. Aber auch in der Schule, vor dem Unterricht, besonders aber vor Klassenarbeiten, kannst Du in Zukunft eine Entspannungsübung machen.

Lern die Übungen erst zu Hause, bis Du sie ganz beherrschst. Dann erst in der Schule anwenden. (Mach aber um Himmelswillen keine Schau daraus!) Inmitten des großen Trubels wirst Du dann wie unter einer

Entspannung auch im Unterricht!

Glasglocke sitzen: unbelästigt von anderen, ganz ruhig, konzentriert und selbstsicher.

Sitz mit dem ganzen Hosenboden auf Deinem Stuhl. Rücken angelehnt, aber nicht schief, sondern steil, also parallel mit der Lehne. Fußsohlen stehen ganz auf dem Boden, Knie locker geöffnet. Hände ruhen auf den Oberschenkeln, nicht verschränkt. Nun läßt Du Deinen Kopf etwas vorsinken, bis das Kinn den Hals berührt. Alles ganz leicht und bequem. Kein Doppelkinn pressen. Drei Minuten ruhig sitzen bleiben. Anfangs kannst Du eine Eieruhr einstellen oder Dich von einem Partner kontrollieren lassen. Die Zeit wird Dir unendlich lange vorkommen, wenn Du unausgeglichen und hektisch bist.

Allmählich werden die zuckenden Augenlider und Finger aber ruhiger. Dein Gesicht entkrampft sich. Die Spannungen in Schultern, Nacken und Schenkeln lassen sich allmählich kontrollieren. Das ist der Zweck dieser Drei-Minuten-Übung: Deine Gedanken unter Deinen Willen zu bekommen, sie dorthin zu lenken, wo Du es möchtest oder wo es nötig ist, zum Beispiel auf Deinen Atem.

Einatmen (immer!) durch die Nase. Den Luftstrom hinunterziehen durch den Brustkorb. Dabei fühlst Du, wie Deine Rippen sich nach außen dehnen und Dein Leib sich vorwölbt. Jetzt zählst Du langsam bis vier und hältst dabei den Atem an. Dann ziehst Du die Bauchdecke kräftig zurück, so weit Du nur kannst und läßt den Atem langsam (wieder durch die Nase!) ausströmen. (Wie schon gesagt, der Mund ist zum Essen und Sprechen, die Nase zum Atmen und Riechen da!)

Drei Minuten lang beobachtest und begleitest Du also Deinen Atem. Auf diese sehr einfache, aber wirkungsvolle Weise wächst mit der Zeit Deine Konzentrationsfähigkeit. Sie kommt nun Deinen Hausaufgaben, der Mitarbeit in der Schule und überhaupt allem, was Du tust, zugute.

Nimm Dir also täglich vor den Hausaufgaben drei Minuten Zeit. Das innere Ruhigwerden braucht Geduld. Du mußt jeden Tag üben und probieren und Dich selbst beobachten. Vielleicht machst Du Dir Notizen über das, was Du in Deinem Inneren dabei feststellst. Das ist ein interessantes Experiment, bei dem Du Dich besser kennenlernen wirst.

Experimentiere ruhig.

Wie lang drei Minuten sind, hast Du schnell im Gefühl. Nach etwas Training brauchst Du keinen Wecker mehr. Zu Hause beendest Du die Übung, indem Du Deinen ganzen Körper dehnst und reckst, die Arme weit über den Kopf streckst und dabei laut und gut gelaunt sagst: ,,Ich freue mich, daß ich lebe!''

In der Klasse hebst Du unter dem Schultisch Deine Beine, bis sie zum Körper einen rechten Winkel bilden. Zieh die Fußspitzen vor, spann die Bein- und Gesäßmuskeln fest an, zieh die Bauchdecke ein und laß wieder locker. In Gedanken sagst du: ,,Ich freue mich auf meine Arbeit!''

Jetzt hast Du Gedanken und Kreislauf wieder auf Tatendrang geschaltet, und es kann losgehen.

Atemtechnik – Die Blutatmung

Dein Atem bestimmt Deine Lebenskraft. Matte, schlappe, oberflächliche Atmung, die sich nur in den oberen Lungen abspielt, vielleicht noch mit hochgezogenen Schultern, hat Müdigkeit, schwammiges Gewebe, Zaghaftigkeit, geringe Aufmerksamkeit und schlechten Geruchssinn zur Folge.

Je intensiver und tiefer eine Atmung wird, desto lebendiger fühlst Du Dich, denn die Atmung versorgt Dein Blut mit Sauerstoff und befreit es von Kohlendioxid. Eine schlechte oder gar ungenügende Versorgung des Körpers mit Sauerstoff führt zur Schädigung der Organe und sogar zu Vergiftungen. Darum ist die aktive Blutatmung besonders wichtig!

Aktives Atmen steigert die Konzentrationsfähigkeit.

Du führst sie liegend, in Entspannungshaltung und stufenartig ausatmend durch. Beim langsamen, saugenden Einatmen stellst Du Dir vor, Du saugtest alles Blut

aus den Beinen in den Brustkorb hoch. Zieh also —
in Gedanken natürlich! — Dein Blut aus den Zehen,
Füßen, Unterschenkeln, Oberschenkeln und Hüften
kräftig an, und atme gleichzeitig so tief wie möglich
ein. Der Brustkorb ist ganz weit und gedehnt. Jetzt eine
Sekunde so verharren. Laut (durch die Nase!) ausatmend, stößt Du das Blut mit aller Kraft und Wucht aus
dem Brustkorb in die Hüften, Beine und Füße zurück.

Dreimal wiederholen. Ganz konzentriert. Mit aller
Kraft! Wärme und Leichtigkeit durchströmen Deine
Beine. Du mußt darauf achten, daß nirgends ein Widerstand entsteht. Wenn Du Schmerzen, Prellungen,
Durchblutungsstörungen oder nur kneifende Strümpfe
oder Schuhe bemerkst, ergibt das sofort Hemmungen.
Die mußt Du entweder beseitigen oder gedanklich überwinden. Deine Konzentrationsfähigkeit wächst mit jeder Übung ein winziges bißchen.

Später wendest Du die aktive Blutatmung auch auf
die Arme an: Wieder entspannte Rückenlage. Beine
locker, Füße nach außen. Deine gesamte Gedanken-
kraft sammelt sich jetzt auf die Arme, die parallel zum
Körper seitlich locker liegen. Handflächen nach oben.
Augen schließen. Mund zu. Tief einatmen.

Dabei stellst Du Dir vor, Du zögest Dein Blut aus
den Fingerspitzen, Händen, Unterarmen, Oberarmen
und Schultern in den Brustkorb zurück, der sich weit
dehnt. Wenn Du „vollgetankt" hast, verharrst Du
zwei, drei Sekunden — und jagst dann das Blut über
die Schultern, Arme, Hände bis in die Fingerspitzen
zurück. Dreimal wiederholen.

Kraft und
Selbstbe-
wußtsein

Auch jetzt darauf achten, daß keine Widerstände in
Form von engen Ärmeln, Schmuck, Uhr, Schmerzen,
den aktiven Gedankenstrom hemmen.

Wenn Du es richtig machst, Dich also ganz auf die
Atmung konzentrierst, sind Arme und Hände gleichzeitig warm und erfrisch.

Die nächste Steigerung dieser Konzentrations- und
Atemübung ist: Arme und Beine gleichzeitig aktiv zu
beatmen. Aber das übst Du erst, wenn Dir die ersten

beiden Stufen richtig gelungen sind. Nie zuviel auf einmal wollen, dann erreichst Du nichts. Bitte, mach die aktive Blutatmung nie vor dem Schlafengehen, denn sie erfrischt, regt an, macht putzmunter. Da Du ganz „dabei" sein mußt, entsteht eine enge Beziehung zwischen Körper und Geist. Das gibt ein wohltuendes Kraftgefühl, macht selbstbewußt, und Du lernst Deinen Körper wie eine Landkarte kennen.

Meditation

Das Gegenteil von Aktivität ist Ruhe und Entspannung. Wir wollen uns jetzt einer wichtigen Entspannungstechnik zuwenden, der Meditation.

Meditieren heißt betrachten, zum Beispiel:

- einen Gegenstand (Kerze, Pflanze, Stein, Foto, Bild, Plastik)
- eine Landschaft (See, Meer, Bäume, Kornfeld, Fluß, Berg)
- einen Menschen (auch Dein eigenes Spiegelbild)
- ein Problem (schwierige Aufgabe, Streit, Sorge, Schmerzen)
- einen Vorgang (warmes Bad, Sonnenbad, nächstes Lernziel)
- einen Gedanken, eine Vorstellung (Teich, Sonnenaufgang, neue Verhaltensweisen, Lösung verschiedenster Probleme, also alles, was man geistig „sehen" kann).

Es gibt bestimmte Meditationshaltungen, die Du einnimmst, um nicht ins Dösen zu geraten. Wenn Du auf dem Stuhl sitzend oder gar liegend meditierst, kommst Du entweder ins Träumen oder Du wirst schläfrig. Der streng aufrecht gehaltene Rücken zwingt Dich zu Disziplin, die sich auf Gedankengänge und Konzentration

Meditieren ist nicht dösen!

auswirkt. Außerdem stellt sich mit immer derselben Haltung eine Gewöhnung ein, die die Meditation unterstützt.

Da ist zuerst der *Fersensitz*. Übe ihn, bis Deine Knie und Füße so geschmeidig sind, daß Du diese Stellung 15 bis 20 Minuten ohne Krampf und Schmerzen aushalten kannst. Viel, viel wichtiger als die Beine ist aber immer der Rücken. Der muß gerade sein; die Hände liegen im Schoß.

Die zweite Haltung heißt *Schneidersitz*. Dabei sitzt Du auf einem Kissen oder einer zusammengerollten Wolldecke. Die Knie sind am Boden, der Rücken ist gerade, die Hände liegen auf den Knien. Handflächen nach oben. Diese beiden Meditationshaltungen erreichst Du nur durch Übung. Entscheide Dich für eine. Bald fühlst Du Dich so bequem, daß Du lange so sitzen kannst.

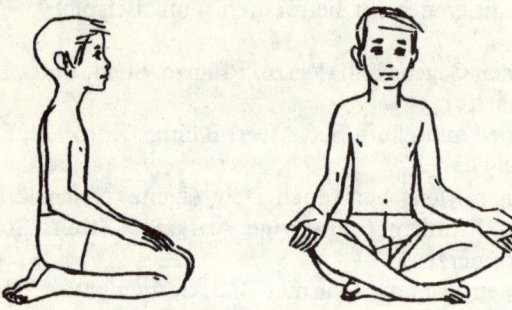

Wichtig ist der gerade Rücken! Kontrolliere Deine Haltung immer und immer wieder. Wenn Du Deinen Haarwirbel am Hinterkopf hochziehst, streckt sich Dein Rücken. Kein Hohlkreuz machen. Kinn im rechten Winkel zum Hals. Hände im Schoß übereinanderlegen. Schultern entspannt. Augen zu.

Der Schneidersitz ist schwieriger, aber wenn man ihn erst kann, länger zu halten, da der Blutkreislauf nirgends beengt wird. Halte den Rücken straff und die Knie am Boden. Die Umgebung muß warm, ruhig und ungestört sein.

Wenn Du Deine Haltung eingenommen hast, kannst Du mit der Meditation beginnen: Nimm als Hilfe vielleicht Dein Kettchen (siehe Kapitel „Beeinflusse Dich selbst!") und schließ die Augen. In fünf Stufen einatmen, bis der Lungenraum weit gedehnt ist:

ein	ein	ein	ein	ausatmen
1	2	3	4	5

Dann stufenweise wieder ausatmen, dabei formen die Lippen OM, also:

o	m	m	m	m
aus	ein	aus	aus	ausatmen
1	2	3	4	5

Fünfundzwanzigmal.

Jetzt bist Du ganz ruhig und entspannt. Dein aufgeregtes, hektisches Herz kannst Du auf diese Weise zum gleichmäßigen, kräftigen, langsamen Schlagen bringen. Die Monotonie der Wiederholung wirkt wie eine Beruhigungstablette — ist aber viel gesünder!

Gedanken kommen und gehen lassen!

Jetzt erst beginnt Deine eigentliche Betrachtung.

Bei der Meditation „will" man nichts. Wille verkrampft. Man läßt die Gedanken einfach kommen und gehen. Man beobachtet sie wie ein Fremder.

Je öfter Du das übst, desto ruhiger und klarer, langsamer und präziser werden die Bilder in Deinem Kopf. Du mußt geschehen, gleiten, fallen, sinken lassen.

Alles kommt dann:

Ideen
Lösungswege
Klarheit und Verstehen
heitere Gelassenheit.

Ebenso wie ein steter Tropfen den Stein höhlt, so verwirklicht sich ein Gedanke, der immer wieder gedacht, also benutzt, belebt, ernährt und trainiert wird. Und jede Selbstüberwindung — sei sie noch so klein — steigert Deine Selbstachtung.

Meditation ernst nehmen, sonst wird's nichts!

Nie mit vollem Magen meditieren. Nie meditieren, wenn Du eine Verabredung oder eine dringende Arbeit hast. Dann fühlst Du Dich unter Druck. Mit der Meditation darfst Du auch keine tote Zeit ausfüllen, bis die erwartete Fernsehsendung beginnt oder es endlich Abendbrot gibt. Wer Meditation nicht ernst nimmt, dem gelingt sie nicht.

Die Meditation ist kein Selbstzweck. Du mußt immer in die Tat umsetzen, was Du dabei herausgefunden hast. Auf Meditation folgt also immer Aktivität.

Wenn Du diese Übung beendet hast, senkst Du (noch im Sitzen) Deine Stirn bis auf den Boden. Verharre so 20 Sekunden. Dadurch wird der Kopf immer besser durchblutet. Langsam streckst Du jetzt Deinen Rücken, entknotest Deine Beine, reibst die Gelenke, dehnst und räkelst Dich, gähnst, aktivierst alle Muskeln und Gelenke, sagst laut und überzeugt: ,,Ich freue mich, daß ich lebe!'', und stehst ganz langsam auf. Die Meditation ist ausschließlich Deine Privatangelegenheit. Niemand (auch Deine Eltern nicht!) geht es etwas an, was dabei in Dir geschieht. Häng ein Schild an die Tür:

Bitte jetzt nicht stören!

Und laß Dich dann auch nicht stören! Deine Meditationsinhalte sind Dein Geheimnis. In diesem Fall ist es unwichtig, was andere denken. Viel wichtiger ist, was Du von Dir denkst.

Der Walkman — Dein Freund

Was hörst Du am liebsten?

Vielleicht besitzt Du einen Walkman. Was hörst Du Dir am liebsten an? Michael Jackson oder Tina Turner? Bon Jovi oder lieber spannende Hörspiele? Vielleicht Märchen oder lustige Lieder? Ganz egal — Du wirst sicher ein paar Cassetten haben, die Du ganz besonders gern hörst. Das Schöne am Walkman ist, daß Du hören kannst, was Du willst, aber niemanden damit nervst oder störst. Es ist allein *Deine* Musik und *Deine* Geschichte. Du kannst sie fast überall hören, in Deinem Zimmer, in der Straßenbahn, im Bett, auf der Liegewiese im Schwimmbad . . . Nur auf der Straße solltest Du nicht Walkman hören, sonst hörst Du die Verkehrsgeräusche nicht und gefährdest Dich selbst. Auch im Unterricht ist es nicht erlaubt. Aber sonst — es stört ja niemanden. Und mit einem Walkman ist es nicht mal langweilig, wenn Deine Freunde mal keine Zeit haben, um sich mit Dir zu treffen. Einfach den Knopf drükken, — und ab geht die Post!

Es gibt Cassetten, die Dich nicht mit Musik berieseln, die keine Geschichten erzählen, sondern die Dir helfen können, alles, was Du in diesem Buch liest, schneller und intensiver umzusetzen. Sie können Dir helfen, Dich besser zu konzentrieren oder schneller einzuschlafen und tiefer durchzuschlafen, sie können Dir die Angst nehmen, und sie können Dich entspannen, wenn Du mal im Streß bist. Solche Cassetten gibt es wirklich. Sie heißen „Schöpferisches Träumen" oder „Die Weisheit der Märchen als Quelle der Kraft" und sind von Nikolaus B. Enkelmann ganz besonders für junge Hörer bespielt und besprochen. Auf diesen Cassetten werden wunderschöne Geschichten erzählt oder Musik gespielt, die entspannt und das Gehörte ganz tief in Dein Unterbewußtsein hineinläßt.

Es gibt auch andere Cassetten!

Ganz speziell für Dich, also für Kinder und Jugendliche, hat Nikolaus B. Enkelmann eine neue Cassette aufgenommen, die vom Inhalt her auf dieses Buch abgestimmt ist. Diese Cassette heißt „Power für die Jugend" und unterstützt Dich sinnvoll und nachhaltig in Deinen Übungen. Sie hilft Dir, Dich besser zu konzentrieren, leichter zu lernen und mit Freude und Begeisterung an Dir zu arbeiten.

Eine Cassette, die Dich unterstützt: „Power für die Jugend"

Bitte Deine Eltern, Dir zum nächsten Geburtstag, zu Ostern oder Weihnachten diese Cassette zu schenken.

Probier es doch einfach mal aus – vielleicht wird es ja Deine neue Lieblingscassette. Du wirst sehen, daß schon nach wenigen Wochen etwas geschieht, daß Du ruhiger, aber konzentrierter wirst, daß Du besser schläfst, leichter lernst und viel optimistischer an alles rangehst. Vielleicht machst Du sogar die Erfahrung, daß Deine Noten immer besser werden. Du muß ja nicht auf Deine anderen Lieblingscassetten verzichten. Aber eine halbe Stunde am Tag hast Du ganz bestimmt Zeit, etwas für Dich zu tun – und Dein Walkman ist dabei ein Freund, der Dich unterstützt. Was – Du hast noch gar keinen Walkman? Dann wird es aber höchste Zeit, Dir einen zu wünschen oder zu kaufen. Es gibt sie heute schon für weniger als 20 Mark. Und die Cassetten von Nikolaus B. Enkelmann kosten auch nicht mehr als die Musik von Bon Jovi oder Michael Jackson. Nur mit dem Unterschied, daß die beiden Dir nicht in der Schule oder bei der Ausbildung helfen können.

Es ist schön, Freunde zu haben. Fang einfach an und mach Deinen Walkman zu Deinem besten Freund.

Tu, was Du willst – aber tu es mit Begeisterung!

Sicher hast Du ein oder mehrere Hobbies. Vielleicht spielst Du Fußball, turnst, reitest oder schwimmst, vielleicht sammelst Du Briefmarken oder liest viel, spielst ein Instrument oder fährst Skateboard. Es ist nicht wichtig, was Du tust – Du wirst es, wenn es ein von Dir selbst gewähltes Hobby ist, ganz sicher mit Freude und Begeisterung tun. Sonst würdest Du es schließlich überhaupt nicht tun.

Hast Du ein Hobby?

Selbst wenn Du in der Schule kein As bist und Dich jeden Morgen regelrecht zwingen mußt, hinzugehen: Es gibt auch in der Schule ganz sicher ein Fach, das Dir Spaß macht. Vielleicht ist es Biologie, vielleicht Englisch, vielleicht Sport oder Zeichnen. Wenn dieses Fach auf dem Stundenplan steht, freust Du Dich darauf, und Du bist sicher bereit, für dieses Fach immer ein klein bißchen mehr zu tun als unbedingt nötig. Denn das Lernen für Dein Lieblingsfach, das Beschäftigen damit, bereitet Dir kaum Probleme. Ja, vielleicht hast Du sogar festgestellt, daß das Lernen beinahe wie von alleine geht, daß Du eigentlich viel weniger tun mußt als für andere Fächer, die Du nicht so magst, für die Dir das Lernen aber so wahnsinnig schwer fällt.

Das ist doch klar: Wer mit Freude und Begeisterung lernt, lernt viel leichter und schneller als jemand, der sich damit abquälen muß. Mal angenommen, Du liebst Fußball, aber Du haßt Mathematik — was glaubst Du, wirst Du tun, wenn Dir jemand sagt, daß Du jetzt tun kannst, was Du willst? Sicher nicht Mathe lernen, oder? Nur leider ist es so, daß Du Mathe lernen *mußt* und daß niemand Dir die freie Wahl läßt, es zu tun oder zu lassen, wie es Dir gefällt. Daran wird auch dieses Buch nichts ändern können.

Wer mit Freude lernt, lernt leichter!

Nun gibt es aber auch Kinder und Jugendliche, die sich für gar nichts begeistern können, die alles langweilig oder blöd finden und an nichts Spaß haben. Doch, die gibt es — und hoffentlich gehörst Du nicht dazu. Das sind Kinder, die aus purer Langeweile andere verprügeln oder Telefonzellen demolieren, nur um sich nicht immer so schrecklich zu langweilen. Wenn sie älter sind, nehmen sie Drogen, damit sie das Gefühl haben, daß in ihrem Leben überhaupt etwas passiert. Oder sie knacken Autos und werden anderweitig kriminell. Das ist traurig und furchtbar. Schon deshalb solltest Du Dir, falls Du bis jetzt noch kein Hobby hast, das Dich richtig begeistert, unbedingt eines suchen. Denn ein Hobby zu haben, heißt nicht nur, sich nicht langweilen zu müssen — es heißt auch, Spaß und Freude zu haben.

Das ist ja schön und gut, sagst Du jetzt vielleicht, aber was nützt mir das in der Schule? Doch es ist erwiesen, daß Kinder und Jugendliche, die ein Hobby haben, das sie mit Feuereifer ausüben, es auch in der Schule leichter haben. Denn das Beschäftigen mit einem Hobby bildet den Charakter. Das sagt Dir wahrscheinlich nicht viel. Aber vielleicht hast Du selbst schon festgestellt, daß es ganz schön viel Konzentration erfordert, sich intensiv mit einer Sache zu beschäftigen. Wer ein guter Sportler werden will, muß trainieren, mehrmals wöchentlich, manchmal auch mehrmals täglich. Und auch nicht einfach nur so la-la, sondern so, daß man immer besser und besser wird. Ein Weitspringer muß immer wieder an seiner Anlauf- und Absprungtechnik arbeiten, eine Turnerin muß immer wieder den gleichen Umschwung am Stufenbarren üben, bis sie ihn beherrscht.

Auch wenn's noch so viel Spaß macht: ohne Ausdauer, Geduld und Beharrlichkeit geht gar nichts. Glaubst Du, Boris Becker und Steffi Graf wären von ganz alleine so erfolgreich geworden? Nein — sie haben trainiert und trainiert, immer wieder: Rückhand, Vorhand, Aufschlag. Das, was Du heute bei beiden siehst, ist nur das Ergebnis von jahrelangem, konzentriertem Training.

Wer weiß, wofür er etwas tut, der tut es gern!

Wir wissen nicht, wie beharrlich und konzentriert Du Dich mit einem Hobby beschäftigst. Je mehr Spaß Du an Deinem Hobby hast, desto häufiger und konzentrierter wirst Du es auch ausüben. Auch wenn Du weißt, warum und wofür Du es tust, wirst Du Dich wohl viel intensiver damit beschäftigen. Vielleicht möchtest Du später einmal in einem richtigen Orchester oder einer Gruppe spielen. Da macht das Klavier- oder Gitarreüben doch gleich viel mehr Spaß! Oder Du möchtest in Deiner Sportart Vereinsmeister werden, Du möchtest die schönste Briefmarkensammlung in Deiner Stadt besitzen, Du möchtest einmal ein Reitturnier gewinnen, einmal als Tänzerin auf einer großen Bühne stehen . . .

Deshalb achte bei der Wahl eines Hobbies auf folgendes:

- Ich habe Spaß daran.
- Ich weiß, was ich damit erreichen will.
- Ich möchte darin einmal so gut werden wie . . .
  (Suche Dir ein Vorbild, dem Du nacheifern kannst)

● Ich wende in der Woche mindestens . . . Stunden
für mein Hobby auf.
(Versuche, Dich immer an die einmal festgesetzte
Stundenzahl zu halten, aber ändere sie, wenn Du
merkst, daß es zuviel oder zuwenig ist, was Du Dir
vorgenommen hast. Es soll schließlich zu allererst
Spaß machen und auch etwas bringen.)

Vielleicht merkst Du langsam, was wir damit gemeint
haben, als wir sagten, ein Hobby bildet den Charakter. Und vielleicht weißt Du jetzt auch, warum es richtig Spaß machen kann, auf einem Gebiet der Beste werden zu wollen (siehe Kapitel „Auf einem Gebiet der Beste sein!"). Wenn jemand sich so konzentriert mit einer Sache beschäftigt, dann eignet er sich *Selbstdisziplin*
an. Selbstdisziplin ist eine Eigenschaft, die nötig ist,
um hartnäckig daran zu arbeiten, auf einem Gebiet der
Beste zu werden. Auch wenn Du am Ende nicht der
Beste wirst, so hast Du doch eine Menge dafür getan —
und das auch noch mit Freude und Begeisterung. Und
Du hast auf jeden Fall gelernt, Dich auf etwas zu konzentrieren. Konzentration aber kann man immer und
überall gebrauchen, auch für die Schule (siehe dazu die
Konzentrationshilfen im Kapitel „Lernhilfen und Tips
für die Schule"). Vielleicht spürst Du schon bald, daß
es Dir viel leichter fällt, Deine Hausaufgaben zu erledigen, daß Du auch Spaß an Dingen bekommst, die
Dich früher gelangweilt haben.

> Selbstdisziplin
> ist gar nicht
> so schwer!

Das glaubst Du nicht? Wer sich auf ein Hobby, das
ihm Spaß macht, richtig konzentrieren kann, lernt *Kon-*
zentration. Viele Menschen können sich auf gar nichts
konzentrieren. Du aber weißt, wie Konzentration geht,
Du hast es ja an Deinem Hobby selbst ausprobiert.

Na schön, wirst Du sagen, das macht ja auch Spaß!
Doch vielleicht machst Du die Entdeckung, daß es auch
in der Schule viele Dinge gibt, die Spaß machen kön-
nen, wenn Du Dich darauf konzentrierst. Du findest
Englisch langweilig? Das ewige Vokabellernen, die
Grammatikübungen, die schrecklichen Tests. Aber wie

toll ist es doch, sich mit anderen jungen Menschen auf
Englisch unterhalten zu können, im Urlaub zum Beispiel, oder beim Schüleraustausch. Dann ärgert man
sich schon ein wenig, daß man die Sprache nicht so gut
kann. Du kannst Geschichte nicht leiden? Immer nur
Zahlen auswendig lernen, das macht doch keinen Spaß.
Ja, aber wenn Du beim nächsten Urlaub nur ein wenig
über die Geschichte Griechenlands oder Italiens weißt,
dann wird der Besuch im Museum oder in der antiken
Tempelanlage doch gleich viel interessanter, oder? Fast
in jedem Fach gibt es etwas, das interessant und auf-
regend ist.

Nur – das wird man nie erfahren, wenn man Biologie, Chemie, Geschichte oder Latein von vornherein
nur blöd findet. Konzentriere Dich statt dessen lieber
auf das, was Dich interessiert, auch wenn es nur ein
bißchen ist. Und vielleicht machst Du bei dieser Übung
sogar die Erfahrung, daß das Fach ja gar nicht so
schlimm ist, wie Du immer gedacht hast (siehe ebenfalls Kapitel „Lernhilfen und Tips für die Schule‘‘).

Du siehst, es gibt zwei Wege zur Begeisterung: der
eine Weg geht über den Spaß (zum Beispiel an einem
Hobby). Je mehr Spaß Du an einer Sache hast, desto
konzentrierter und begeisterter beschäftigst Du Dich

damit. Der andere Weg führt über die Konzentration.
Du pickst Dir aus allem die Dinge heraus, die Dich interessieren, konzentrierst Dich darauf und findest es
irgendwann sogar spannend. So, wie man Konzentration durch Begeisterung lernen kann, kann man auch
Begeisterung durch Konzentration lernen.

Deshalb ein paar Tips zum Lernen mit Spaß:

1. Such Dir aus jedem Fach ein Thema heraus, das
   Dich interessiert.
2. Konzentriere Dich auf dieses Thema, indem Du Dir
   aus der Bücherei Bücher darüber besorgst oder aus
   Zeitungen und Illustrierten Artikel zum Thema sammelst. Manchmal laufen auch im Fernsehen gute
   Sendungen – schau mal in die Programmzeitschrift.

3. Melde Dich freiwillig, wenn ein Referat zu diesem Thema gemacht werden soll. Denk daran: Du weißt immer ein bißchen mehr darüber als andere.
4. Verabrede Dich mit einem Mitschüler/einer Mitschülerin, der/die in diesem Fach besonders gut ist. Man kann von anderen viel lernen, vor allem, wenn sie Spaß an einem Thema haben.
5. Frag Deine Lehrer, Deine Eltern oder Deine Freunde nach Tips, wie Du Dich ein bißchen intensiver auf das Thema vorbereiten kannst. Sie freuen sich sicher über Dein Interesse und sind gern bereit, Dich zu unterstützen.

Es kommt nicht selten vor, daß Schüler ein Fach, das sie früher total langweilig fanden, plötzlich so spannend finden, daß es zu einem Hobby wird, oder gar später zu einem Beruf. Ein kleiner britischer Junge namens Howard Carter fand, wie fast alle Kinder, den Geschichtsunterricht in der Schule ziemlich langweilig. Doch als man sich im Unterricht mit den Ägyptern beschäftigte, fand er es faszinierend, daß dort schon vor Tausenden von Jahren die einstigen Herrscher zusammen mit Goldschätzen beerdigt wurden, aber viele, darunter auch das des berühmten Königs Tut-ench-Amun, noch nicht entdeckt waren. Die alten Ägypter ließen Howard Carter nicht mehr los, schon als Junge träumte er davon, Gräber mit unermeßlichen Schätzen zu entdecken. Er beschäftigte sich mit Ägyptologie, las Bücher darüber, studierte Archäologie und ging schließlich nach Theben, wo er im Tal der Könige viele Gräber entdeckte. 1922 fand er das Grab von Tut-ench-Amun mit dem kostbarsten und vollständigsten Schatz Ägyptens. Über diesen Fund schrieb Howard Carter ein Buch, das von vielen Kindern und Jugendlichen mit Spannung gelesen wurde und noch heute wird.

Auch wenn Du Geschichtsunterricht langweilig findest: die Ausdauer und Zähigkeit, mit der Howard Carter sich seinen Traum erfüllte, schließlich das Grab eines ägyptischen Königs und einen echten Schatz fand, das ist einfach spannend und hat schon viele dazu angeregt, ebenfalls Archäologie zu studieren. Howard Carter war begeistert von seinem Ziel, er konzentrierte sich voll und ganz darauf, und er konnte andere dafür begeistern.

Du siehst daran: Wenn man begeistert ist von einer Sache, kann man alles erreichen. Und es macht sogar noch Spaß.

Vom Traum zum Ziel!

Man könnte den vollständigen Prozeß, der zwischen einem Traum und der Erfüllung dieses Traums liegt, als eine Aneinanderreihung von Gleichungen darstellen. Auch wenn Du mit Mathematik nichts am Hut hast, kannst Du die Entwicklung vielleicht nachvollziehen:

1. Träume = Begeisterung
2. Begeisterung = Konzentration
3. Konzentration = Zielklarheit
4. Zielklarheit = Erfolg
5. Erfolg = die Verwirklichung der eigenen Träume/ Ziele.

Wie weit bist Du auf diesem Weg zur Erfüllung eines Traumes schon vorangekommen? Auch wenn Du erst an Punkt 1 stehst – denk daran, daß es viele Menschen gibt, die alles nur doof und langweilig finden. Da bist Du schon einen großen Schritt weiter! Und Du wirst feststellen, daß Deine Begeisterung ansteckend ist. Ist Dir nicht auch schon aufgefallen, daß ein begeistertes Kind viel öfter im Unterricht drankommt, wenn es sich meldet? Viel öfter als das Kind mit dem mürrischen Gesicht, das sich immer ärgert, weil der Lehrer es nie drannimmt? Ja, so ist das nun einmal – wer von etwas begeistert ist, begeistert auch andere. Er kann andere sogar so weit bringen, daß sie ihm helfen wollen. Kinder mit einem interessanten Hobby, das sie mit Freude ausüben, haben immer Freunde, die sich für ihr Hobby begeistern können. Denn solche Kinder haben keinen Grund, mürrisch und schlechtgelaunt zu sein, bei ih-

nen ist es nie langweilig, weil sie selbst nicht langweilig sind (siehe auch Kapitel „Freude und Freunde durch ein Hobby").

So – und damit Dich die Begeisterung so richtig packt, wiederhol nun noch einmal klar und deutlich die Selbstsuggestionsübung für die Jugend aus dem Kapitel „Beeinflusse Dich selbst". Aber bitte: mit Feuer in der Stimme – *mit Begeisterung!*

„Ich freue mich, daß ich lebe.
Ich freue mich, daß ich in einer interessanten und bunten Welt lebe, in einer Welt, die um so interessanter wird, je klüger ich bin und je mehr ich weiß.
Lernen macht klug, das weiß ich und vergesse es nie.
Ich bin klug, und Lernen fällt mir leicht, darum wird mein Leben immer schöner und bunter, und darum freue ich mich."

Jetzt kannst Du dieses Buch für heute erst mal beiseite legen und tun, was Du willst. Und vielleicht spürst Du, daß Du es mit Freude und Begeisterung tun kannst, ganz gleich, was es ist. Aber vorher schaust Du Dir bitte einmal die folgende Tabelle an. Laß Dir ruhig Zeit, denk erst nach und füll sie später aus. Danke.

Was werde ich in den nächsten Wochen unternehmen für mein Hobby (Verein suchen, Material besorgen, Gleichgesinnte gewinnen, etc.)?

Ich suche mir ein Hobby

Was kann ich gut?	Was könnte mir Spaß machen?	Wem möchte ich nacheifern (Vorbild)?

Kapitel 4:
Lernhilfen und Tips für die Schule

Eine schlechte Schülerin erzählt: „Pauken liegt mir nicht!"

„Noch heute werde ich wütend, wenn ich daran denke, wie viele herrliche Nachmittage mir völlig verdorben wurden, nur weil mir irgendeiner befohlen hatte, die Nebenflüsse irgendeines dummen Flusses auswendig zu lernen oder endlose Kolonnen von lateinischen Vokabeln oder ähnliches. Nur weil man hin und wieder hört, wie wichtig Latein für die Allgemeinbildung sei. Ich jedenfalls habe für meine Allgemeinbildung nie Latein gebraucht; und ich kenne sehr gut den Unterschied zwischen einem guten und einem schlechten Gehalt – auch ohne die Algebra-Formeln, die ich irgendwann lernen sollte. Allerdings gebe ich zu, daß die Schule auch ihre guten Seiten hatte. Viele schöne Stunden haben wir verbracht, wenn wir schwänzten. Und was hatten wir für komische Lehrer! Die haben wir bis zur Weißglut geärgert. Dabei hatten wir unsere besten Einfälle. Wir waren immer die schlimmste Klasse von der ganzen Schule, und da waren wir auch sehr stolz darauf.

Und wenn uns die Lehrer dann mit so hochgestochenen Phrasen kamen wie ‚Non scholae, sed vitae discimus' (Wir lernen nicht für die Schule, sondern für das Leben) und ‚Was Hänschen nicht lernt ...', dann haben wir immer schrecklich gelacht. Wir wußten es ja damals schon viel besser, obwohl wir doch viel jünger waren als die Lehrer.

Aufsätze habe ich immer gern gemocht, wenn ein Thema dabei war, das mir gefiel. Und deshalb bin ich gleich nach der Schule zu einer Zeitung gegangen. Aber Journalistin zu werden, ist sehr mühsam, und man muß auch all diesen Kram wissen, Geschichte und Erdkunde

und solches Zeug, und ich hätte das alles nachholen
müssen. Das wollte ich aber nicht. Pauken liegt mir
nicht. Jetzt bin ich in der Annoncenabteilung und
schreibe Texte für die Kleinanzeigen, also wenn einer
eine Wohnung sucht oder junge Hunde zu verkaufen
hat. Man verdient zwar nicht viel bei diesem Job, und
es ist auch stinklangweilig, aber immer noch besser als
büffeln. Angestrengt habe ich mich nie. Einstein war
auch kein guter Schüler, und Bismarck soll sogar ein
paarmal sitzengeblieben sein.

Mein Chef hat allerdings neulich zu mir gesagt, ich
sei das beste Beispiel dafür, daß nicht aus jedem
schlechten Schüler ein Einstein würde, und es wäre ein
Jammer um all die Zeit, die ich in der Schule gewesen
sei, so ganz ohne Erfolg. Das finde ich auch! Aber ich
glaube, er meint es anders. Wahrscheinlich will er damit sagen, daß ich was Besseres hätte werden können —
oder so in der Richtung. Da hat er recht. Das könnte
ich auch, aber ich müßte mich gewaltig auf den Hosenboden setzen und all diesen unnützen Kram lernen:
die Staaten von Afrika und Geschichte und Rechtschreibung und vor allen Dingen Englisch, damit ich
die vielen Fremdwörter richtig schreibe. — Aber wozu
eigentlich? Man kann ja auch im Lexikon nachgucken.
Außerdem will ich nächstes Jahr sowieso heiraten. Mein
Mann sagt oft, mein zukünftiger Mann meine ich, es
müßte dann anders werden mit meiner Bildung. Ich
muß dann viel lesen, sagt er. Aber das werden wir noch
sehen.''

Bonanza

Sicherlich ist Dir beim Lesen aufgegangen, daß diese
schlechte Schülerin und alles, was sie erzählt, reine Erfindung ist, ein ,,abschreckendes Beispiel'' sozusagen — obwohl es Leute wie sie in Wirklichkeit massenweise gibt.

Vielleicht hast Du sogar selber schon manchmal ähnliche Gedanken gehabt, denn es ist ja leider wirklich so, daß man in der Schulzeit vieles (wenn nicht sogar das meiste) für überflüssig hält und als lästige Pflicht vernachlässigt, von dem man ein paar Jahre später sagt: „Ach hätt ich doch nur ...; Ach, wenn ich doch bloß ...; Wie war das noch?" Wir wollen Dir hier keine Moralpredigt halten. Aber wenn Du später mal einen interessanten Beruf haben willst, brauchst Du eine Menge Kenntnisse, um ihn auszuüben. Es ist wohl glasklar, daß Nieten in Mathe und Physik nicht Piloten werden können, daß keine Zeitungsredaktion der Welt jemanden anstellt, der nur gerade eben seinen Namen schreiben kann, daß niemand Schauspieler wird, der nicht in der Lage ist, sich auf einen Text zu konzentrieren.

Spaß oder Qual? Nur eine Frage der Einstellung!

Und wann und wo und wie kann man sich die erforderlichen Fähigkeiten und das nötige Wissen aneignen, wenn nicht in der Schule? Du kannst unmöglich später – wenn Du auf den Trichter gekommen bist – den Schulstoff von zehn oder zwölf Jahren nachholen. Dabei ist die Frage, ob Dir das Lernen Spaß macht oder zur Qual wird, bloß eine Frage der Einstellung. Zur Schule gehen mußt Du sowieso. Da beißt die Maus keinen Faden ab, und Du kommst auf gar keinen Fall drum herum. Also – warum machst Du Dir diese Zeit nicht so angenehm, interessant und spannend wie möglich? Denk mal nach, was Du mit Deinem Schulstoff heute schon alles anfangen kannst – nicht erst in zehn oder zwanzig Jahren. Zum Beispiel Englisch-Vokabeln.

Zugegebenermaßen ist es nicht sehr amüsant, sie zu pauken. Aber wenn Du Dich überwindest, bist Du schon in ganz kurzer Zeit in der Lage, spannende Krimis, Bücher, Zeitschriften oder Comic Strips auf Englisch zu lesen, und wirst staunen, um wieviel besser sie in der Originalsprache sind als in der deutschen Übersetzung. Du kannst Brieffreundschaften in England und Amerika haben und endlich verstehen, was die Sänger Deiner Lieblingsgruppe da eigentlich für Texte singen.

Du kannst die Namen und Titel richtig aussprechen, und Du kannst mitreden.

Warum nimmst Du zum Beispiel Deine Hausaufgaben in Mathematik nicht als das, was sie ja auch eigentlich sind: nämlich interessante logische Knobeleien, die Deinen Verstand schärfen und Dir die Zeit vertreiben. Betrachte die Schule als Deine private Goldmine, als eine Bonanza, aus der Du herausholst, was nur herauszuholen ist. Quetsch Deine Lehrer aus wie Zitronen, frag ihnen Löcher in den Bauch (dafür werden sie schließlich bezahlt!), benutz Deine Schulbibliothek bis zum Gehtnichtmehr.

Denn selbst, wenn Du ein Fach ganz besonders öde und langweilig findest: Wenn Du ständig nachhakst, fragst und Dir Deine eigenen Gedanken machst, wirst Du vielleicht die Erfahrung machen, daß es fast in jedem Fach etwas gibt, was interessant sein könnte. Es ist ja wirklich nicht besonders berauschend, die Nebenflüsse des Mississippi oder des Amazonas auswendig zu lernen. Aber weißt Du eigentlich, wie die Menschen dort früher gelebt haben und zum Teil noch heute leben? Am Amazonas gibt es noch wilde Eingeborenenstämme, sogar Kannibalen, die heute noch leben wie vor Tausenden von Jahren, mit wilden Tieren kämpfen, uralte Bräuche pflegen, keinen Fernseher und kein Auto kennen und nichts von dem, was wir als Zivilisation bezeichnen, mitbekommen haben. Besorg Dir ein spannendes Buch über die Indianerstämme am Amazonas, vielleicht einen Reisebericht, und Du wirst merken, wie locker Du nebenbei die Nebenflüsse „mitnimmst".

Oder besorg Dir ein Buch von Mark Twain über die Pionierzeiten am Mississippi, über die Zeiten der Sklaverei in Amerika. Mit Tom Sawyer und Huckleberry Finn bekommst Du neben Geographie auch gleich noch eine Menge Geschichte mit — und zwar so, daß es Spaß macht. Das sind nur Beispiele, aber sie zeigen, daß man mit ein bißchen Phantasie viel bewirken und viel leichter lernen kann. Du kannst anhand Deiner Pop-CDs

Musiktheorien überprüfen, in einem botanischen Garten oder einem Zoo trockenes Bio-Wissen lebendig machen, in der Badewanne mit Bällen, Gewichten oder ein paar Schalen voll Wasser physikalische Experimente durchführen. Laß Dir ein Mikroskop zum Geburtstag schenken, wenn es mit den Naturwissenschaften nicht so recht klappen will, und beginn mit Deinen eigenen Forschungen. Wenn Du gut zeichnen kannst, versuch doch mal, die Gesetze der Geometrie anhand einer tollen Grafik umzusetzen. Kauf oder leih Dir Abenteuerbücher über Länder und Städte dieser Erde. Spiel mit Deiner Phantasie und mit dem Lehrstoff. Fast alles ist spannend, wenn man es spannend macht. Und erzähl Deinem Lehrer von Deinen Experimenten, Deinen Büchern, Deinen Ideen. Vielleicht werden Deine Vorschläge sogar im Unterricht aufgegriffen, vielleicht kannst Du ein paar Mitschüler „anstecken" und Ihr könnt Euch gegenseitig Tips geben oder gemeinsam etwas ausprobieren.

Mach's spannend, wenn Dich etwas anödet!

Die meisten Kinder in den Entwicklungsländern haben das sehr gut begriffen. Du solltest Dir mal Schulen in Afrika oder Asien anschauen, wenn Du die Möglichkeit hast, dorthin zu kommen. Die Kinder laufen oft stundenlang über unvorstellbare Wege, um ja nicht die Schule zu versäumen. Mehrere Klassen und Jahrgänge sitzen zusammengedrängt in muffigen Zelten, Wellblechbaracken oder Holzkirchen, weil sie genau wissen, daß die Schule ihre einzige Chance ist, Hunger und Armut zu überwinden und aus dem Dreck rauszukommen. Okay, Du lebst nicht in einem Entwicklungsland (sei froh darüber), und Hunger und Armut mußt Du auch nicht überwinden. Aber für Dich ist die Chance genauso groß. Du stellst jetzt schon die Weichen für Dein künftiges Leben. Von dem Wissen, das Du Dir in der Schule und auch außerhalb der Schule holst, wird es abhängen, ob Du jemand sein wirst, den man herumkommandiert, oder einer, der selbst entscheidet und den man um Rat fragt.

Sei nicht blöd. Vermies Dir die Schule nicht selber, und laß sie Dir auch nicht von anderen vermiesen. Mach lieber einen Superspaß daraus! Aber nicht, indem Du die Lehrer ärgerst. Das ist idiotisch!

Entwickle vielmehr neue Ideen, wenn Dir der Unterricht zu langweilig ist. Mach Verbesserungsvorschläge. Wenn Dich der Lehrer nicht leiden kann, sorge dafür, daß er es kann. Sei nett zu ihm! (Bekanntlich sind Lehrer auch nur Menschen, und alle Menschen haben es gern, wenn man freundlich mit ihnen umgeht.) Dann wird er auch nett zu Dir sein.

Entschließ Dich, ab sofort die Schule zu mögen. Nimm Dein Kettchen. Hier ist die Formel: ,,Schule macht Spaß! Die Schule ist meine große Chance! Ich liebe meine Schule." (Sag diese Formel täglich 25mal. Du wirst staunen, wie sich Dein Leben in den nächsten vier Monaten verändern wird!)

Die Schule gibt Dir Anregungen und Chancen – greif zu, nutze sie! Auch wenn Du nicht gleich Klassenbester wirst, so bekommst Du mit der Zeit doch eine Sicherheit durch Dein Wissen und Deine Fähigkeit, Lernstoff für Dich selbst zu nutzen, die sich früher oder später zu Deinem Vorteil auswirken wird.

Die Ziele

Die Vorschläge, die wir Dir machen, haben zwei Ziele:

1. Deine Arbeit soll so wirkungsvoll wie möglich werden, das heißt: Wenn Du schon fünf bis sechs Stunden in der Schule sitzt und später noch zwei bis drei Stunden Hausaufgaben machst, soll auch was dabei herauskommen. Dein Wissen soll sich vergrößern, Deine Noten sollen besser werden, und als Folge davon soll Dir die Schule mehr Spaß machen.
2. Deine Arbeit muß so einfach und so kurz wie möglich sein, damit Du mehr Freizeit hast und Deine Kräfte schonst.

Die Erreichung dieser Ziele ist vor allen Dingen eine Frage der Organisation und Zeiteinteilung. Mehr darüber in den nächsten Abschnitten.

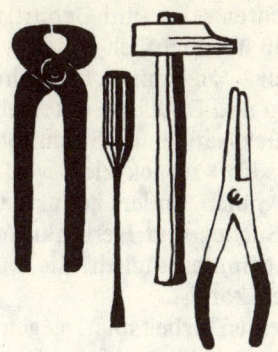

Arbeitsplatz, Werkzeug, Zeit

Du brauchst einen angenehmen, hellen, gut gelüfteten, warmen Raum oder – wenn Du das Zimmer mit anderen teilst – einen festen Arbeitsplatz, der nur Dir gehört und an dem kein anderer etwas zu suchen hat. Antike Sekretäre oder schräge Minipulte sind als Arbeitstische ungeeignet. Darauf kannst Du keine Schreibmaschine stellen, und auch das Ausbreiten mehrerer Hefte und Bücher, Atlanten, Lexika usw. ist ganz unmöglich. Du brauchst einen Tisch mit einer großen Platte, auf der das alles Platz hat und wo Deine Unterarme Bewegungsfreiheit haben. Der Tisch darf nicht wackeln und muß (das ist wichtig!) die richtige Sitzhöhe haben!

Krumme Haltung behindert Atmung und Verdauung, was wiederum die Denkmaschine hemmt. Der Tisch steht so, daß das Licht von links oder von vorn kommt! Du brauchst weiter eine Uhr (mit Stoppuhr), einen Kalender, einen guten Füller, Bleistifte und Farbstifte, Papierkorb, Locher, Büroklammern, Stecknadeln, ein Plakat (mehr darüber im nächsten Kapitel), Schnellhefter, Mappen, Ringordner und viel Papier in

Schaffe Dir eine angenehme Arbeitsatmosphäre

immer der gleichen Größe. Ein Spiegel, ein Cassetten-Recorder mit mehreren unbespielten Cassetten und ein Taschencomputer sind zwar etwas teurere Werkzeuge, aber sie sind durchaus kein Luxus, und Du kannst sie Dir zu Weihnachten oder zum Geburtstag wünschen.

Dies alles muß übersichtlich neben, vor und in Deinem Arbeitstisch – zusammen mit Schulbüchern und Atlanten, Lexika und Duden – untergebracht sein. Jedes einzelne Stück hat seinen Stammplatz, an den es nach Gebrauch sofort zurückgelegt wird. Wenn Du immer alles auf Anhieb finden kannst, vertrödelst Du keine Zeit mit Suchen und Herumkramen und sparst bis zu zwanzig Minuten täglich, die Du bestimmt lustiger verbringen kannst.

Dein Arbeitsplatz gehört ganz allein Dir!

Verteidige Deinen Arbeitsplatz gegen alle Familienmitglieder und gegen die Putzfrau. Deine Ecke ist für sie tabu! Dafür respektierst Du selbstverständlich auch die Bereiche der anderen. So wie man sich daran gewöhnt, immer zur gleichen Zeit zu essen und zu schlafen – und dann prompt Hunger bekommt oder müde wird –, so kann man auch den Denkapparat dazu erziehen, zu einer bestimmten Zeit auf Hochtouren zu laufen. Ausreden (Ich bin nun mal ein ,,Nachtmensch''!) kann sich kein Schüler leisten.

Vor den Hausaufgaben ist eine kleine Anlaufzeit nötig. Die braucht sogar ein Auto. Aber dann geht's los!

Auch Hausaufgaben müssen organisiert werden!

Mach also jeden Tag zur gleichen Zeit Schularbeiten, zum Beispiel zwischen 15 und 17 Uhr, dann ist Dein Magen nicht mehr zu voll. Vielleicht hast Du vorher eine kleine Spritztour mit dem Fahrrad gemacht oder sonst irgend etwas, was Du gern tust.

Zwei Stunden Hausaufgaben täglich sind für Dich – wenn Du zwischen 10 und 14 bist – reichlich genug. Später, in höheren Klassen, hast Du schon gelernt, Deine Arbeit so sinnvoll zu organisieren, daß Du dann nur wenig Zeit zugeben mußt, außer vor Prüfungen, Referaten und Sonderarbeiten.

Nach diesen zwei Stunden (und mehreren Zwei-Minuten-Pausen; darüber später mehr) dürftest Du normalerweise fertig sein. Hast Du viel nachzuholen oder sonstwie geschlampt, dann arbeite nach dem Abendbrot nochmals eine halbe Stunde. Übrigens, was Du Dir kurz vor dem Schlafengehen durchliest (Vokabeln, Gedichte, Formeln), das behältst Du ganz besonders gut, vorausgesetzt, daß diese Gedächtniseindrücke nicht wieder verwischt werden durch anschließendes Fernsehen, Radiohören oder Lesen.

Wenn Du jeden Tag länger arbeiten mußt als zwei Stunden, stimmt etwas nicht. Entweder arbeitest Du falsch, oder Du hast zuviel Hausaufgaben auf. Dann mußt Du dieses Problem mit Deinen Eltern oder Deinem Klassenlehrer besprechen. (Vergiß nicht: Du hast ein Recht auf freie Zeit!) Durch straffes Einhalten Deines Tagesplans gewinnst Du Zeit. Deine beiden Arbeitsstunden werden von anderen nur so ernst genommen, wie Du selbst sie ernst nimmst. Beobachtet man Dich beim Trödeln oder Träumen, brauchst Du Dich nicht zu wundern, wenn immer wieder einer Deine Tür aufmacht und Dich etwas fragt oder Dir etwas mitteilt.

Besteh deshalb auch gegenüber Deinen Eltern, Geschwistern und/oder Freunden darauf, daß Du während dieser Zeit ungestört bleiben möchtest. Je ernsthafter Du dieses Ansinnen vorträgst, je intensiver und konzentrierter Du arbeitest, desto stärker wird Dein Wunsch respektiert.

Unterbrechungen sind wirklich ärgerlich, denn sie stören das Wichtigste bei der Lernarbeit überhaupt: die Konzentration. Es dauert meist fünf bis zehn Minuten, um wieder richtig in der Arbeit drin zu sein — also reine Zeitverschwendung.

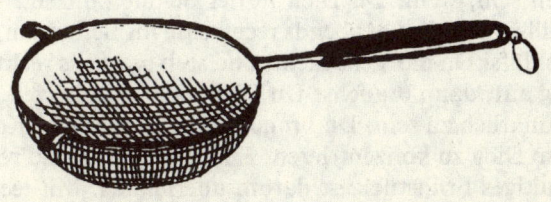

Konzentration

Konzentration – so wichtig wie Intelligenz und Begabung!

So wichtig wie fürs Auto das Benzin, so wichtig ist für jede geistige Arbeit die Konzentration. Ohne sie geht's nicht! Konzentration ist die Kraft, die die Gedanken für eine bestimmte Zeit bei einem Thema festhält. Sie ist genauso wichtig wie Intelligenz und Begabung.

Wenn Du spielst, ein spannendes Buch liest, am Computer eine knifflige Aufgabe löst oder im Fernsehen etwas Interessantes siehst, konzentrierst Du Dich auch, und zwar unbewußt. Das heißt: Du brauchst Dich nicht zur Aufmerksamkeit zwingen, weil Du ohnehin ganz bei der Sache bist.

Konzentration ist abhängig von Deinem Interesse, Deiner Begeisterung, von Freude, Lust und Neugier. Die Stimmung, die Dich erfaßt, wenn Du etwas wirklich Fesselndes erlebst, die aufgeregte Neugier, die Dich überfällt, wenn Du etwas unbedingt wissen möchtest, sind es, die Dir Konzentrationsenergie in jeder beliebigen Menge zur Verfügung stellen.

Nun hat jeder Mensch Gebiete (und jeder Schüler Fächer), für die er sich brennend, und andere, für die er sich weniger oder gar nicht interessiert, dann ist sein Gedächtnis wie ein Sieb; aber – Tücke des Objekts! – die uninteressanten sind meist die wichtigen und ausschlaggebenden. Sich auf sie zu konzentrieren und den Mangel an Interesse durch Fleiß wettzumachen, muß geübt und gelernt werden. Hier gibts Tips und Anregungen, wie man's macht.

Gut ausgeschlafen geht's los

Fangen wir mit einer ganz alltäglichen Sache an, dem Aufstehen und dem Schulweg: Dein Gehirn braucht Schlaf und Sauerstoff. Du mußt also gut ausgeschlafen sein, wenn Du Dich in der Schule konzentrieren willst. Geh darum abends rechtzeitig ins Bett, dann verschläfst Du morgens nicht, und steh morgens rechtzeitig auf, dann brauchst Du Dich nicht abzuhetzen, um pünktlich zu sein. Du brauchst viel körperliche Kraft, um Dich zu konzentrieren. Ein genüßliches und reichhaltiges Frühstück ist darum unerläßlich. Mit leerem

Magen wirst Du nichts zustande bringen. Geh gut vorbereitet (also ohne Angst und schlechtes Gewissen) in die Schule. Schmier nicht vor Stundenbeginn schnell noch Hausaufgaben ab, die Du nicht machen konntest, weil Du sie nicht verstanden hattest. (In einem solchen Fall melde Dich sofort und sage, daß Du die Hausaufgaben aus den und den Gründen nicht hast.)

Bloß nicht herumdrucksen, schummeln, mogeln, schwindeln, Angst haben – das ist Gift für jede konzentrierte Arbeit; außerdem ist es ganz einfach blöd!

Die beiden nächsten Konzentrationshilfen haben wir im letzten Kapitel schon kurz erwähnt: das Plakat und die Stoppuhr.

Sie gehören an Deinen Arbeitsplatz zu Hause und helfen Dir bei den Schularbeiten. Du weißt ja mittlerweile, daß Deine Konzentrationsfähigkeit von Deiner Stimmung abhängig ist. Wenn Du also mieser Laune bist, hilf der Stimmung ein bißchen „aufs Fahrrad". Du schreibst die folgenden Zeilen in großen, dicken Buchstaben auf ein Riesenblatt Papier und steckst es mit vier Stecknadeln in Augenhöhe über Deinem Arbeitsplatz fest. Jedesmal, wenn Dein Blick darauf fällt, liest Du Dir den Text laut vor:

- *Ich bin begabt!*
- *Ich schaffe es!*
- *Ich bin ein guter Schüler!*
- *Ich möchte viel wissen!*
- *Lernen macht mir Spaß!*

Es wird ein Weilchen dauern, bis die Wirkung dieser Selbstsuggestion eintritt (besonders dann, wenn Du die Schule haßt!), aber genau wie bei den Formeln Deines Kettchens wird Dein Unterbewußtsein die ständig wiederholte Botschaft aufnehmen und zur Entfaltung bringen.

Nun die Stoppuhr! Stell sie auf drei Minuten, wenn Du mit den Schularbeiten beginnst. Jetzt schreib, rechne, zeichne und lern, ohne Dich ablenken zu las-

Arbeiten mit
der Stoppuhr!

113

sen. Konzentrier Dich eisern auf das, was Du tust. Das strengt an und ermüdet, aber wir beginnen ja auch nur mit ganz kleinen Zeiteinheiten. Wenn die Stoppuhr klingelt, mach eine kurze Pause. Ruh die Hand aus und lehn Dich zurück. Schau Dir an, was Du geschrieben hast. Bist Du zufrieden — mach weiter. Bist Du unzufrieden (weil Du geschmiert oder einen Fehler gemacht hast), fang noch mal von vorn an. Wieder arbeitest Du konzentriert drei Minuten. Nach einigen Tagen werden sie Dir kurz vorkommen, dann steigerst Du auf vier Minuten.

Diese Zeiteinheit hältst Du so lange durch, bis sie Dir auch wieder zu kurz vorkommt. Dann erhöhst Du auf fünf Minuten, und immer so weiter, bis sich Deine Konzentrationskraft langsam steigert. Die Arbeit mit der Stoppuhr macht nicht nur Spaß, sondern beweist Dir auch, wie schnell Du Dein Gehirn trainieren kannst, damit es Dir gehorcht.

Der Erfolg ist wie eine Schlange, die sich allmählich immer höher aufrichtet. Du bist der Schlangenbeschwörer, der sie dazu bringt.

Sprechen ist Denken!

Eine weitere Konzentrationshilfe ist das Sprechdenken. Während Du eine Aufgabe löst oder Dir ein Problem verdeutlichst, besprichst Du jeden Denkschritt mit Dir selbst und versuchst, ihn laut zu formulieren. Deiner Selbstgespräche wegen brauchst Du Dich nicht zu genieren. Viele Wissenschaftler arbeiten auf diese Weise, denn Sprechen geht viel langamer als Denken und zwingt dazu, eine Aufgabe sorgfältiger und genauer zu lösen. Du konzentrierst Dich besser und sparst trotzdem noch Zeit. Viele intelligente Leute sind zwar fix, aber nicht gründlich. Die Zeit, die Du für die Korrektur von Flüchtigkeitsfehlern aufwenden müßtest, kannst Du schon wieder für etwas anderes verwenden. Mit dem Sprechdenken beginnst Du, sobald Du Dich an Deinem Arbeitsplatz niederläßt:

● Was ist heute das Wichtigste?
● Für wann muß ich diese Arbeit machen?

- Was muß ich machen?
- Wie muß ich es machen?
- Was brauche ich dafür?
- Was habe ich schon?
- Was fehlt mir noch?

Du wirst bemerken, daß Dir diese Fragen bei der Organisation Deiner beiden Arbeitsstunden wirklich helfen. Überhaupt — Fragen sind das A und O jeder geistigen Arbeit. Mehr darüber im nächsten Abschnitt.

Fragen heißt geistiges Arbeiten!

Fragen kostet nichts

Nimm an, Du müßtest in einer halben Stunde fünf Minuten lang über das Thema „Auto" sprechen. (Du interessierst Dich nicht für Autos? — Egal, Du mußt trotzdem!) Wie kannst Du bei so kurzer Vorbereitungszeit Dein ganzes Wissen über Autos zusammenkramen? Sehr einfach: durch Fragen!

Hier ein paar Beispiele mit stichwortartigen Antworten:

Wer fragt, bekommt Antworten!

1. Wozu dient ein Auto? (Transport — Fortbewegung — Sport)
2. Wie hat man sich früher fortbewegt? (zu Fuß — Sänfte — Pferd — Kutsche — Eisenbahn — schließlich: Erfindung des Autos im 19. Jahrhundert durch Otto, Daimler und Benz — Oldtimer)
3. Wie kam es zu der großen Bedeutung, die das Auto heute hat? (Industrialisierung — Fließbandproduktion durch Ford — soziale Veränderungen: fast jeder kann sich ein Auto leisten)
4. Welche Bedeutung hat das Auto in anderen Ländern? (zum Beispiel in den USA, in den Ostblockstaaten, in Entwicklungsländern)
5. Welche wirtschaftliche und politische Bedeutung hat es? (Vollbeschäftigung — Zulieferindustrie — Straßenbau — Erdölpreise — Umweltprobleme — Völkerverständigung durch Massentourismus)

115

6. Welche Nachteile hat das Auto? (Umweltverschmutzung – Verkehrsprobleme – Unfälle – häßliche Autofriedhöfe)
7. Welche Vorteile? (Bewegungsfreiheit – billige Reisen – Bequemlichkeit)
8. Was bedeutet das Auto für seinen Besitzer? (Gebrauchsgegenstand – Statussymbol)
9. Wie werden die Autos der Zukunft aussehen?

Du bemerkst schon, daß Du – ohne ein Fachmann zu sein – auf Anhieb eine Menge über Autos weißt und sagen kannst. Du brauchst jetzt nur noch – nachdem Du Deine Fragen gestellt und beantwortet hast – die Antworten in Reih und Glied zu bringen, schon ist Dein kleiner Vortrag fertig.

Dieses Frageschema kannst Du auf alle Gebiete des täglichen Lebens anwenden und damit jedes Thema aus wirtschaftlicher, historischer, politischer, gesellschaftlicher, religiöser, persönlicher, usw. Sicht beleuchten, wenn man Dich um Deine Meinung fragt. Und wenn Deine grauen Zellen auf eine Frage keine Antwort gespeichert haben (das wird vermutlich häufig vorkommen), dann beschaff sie Dir so schnell Du kannst. Hol sie Dir von Fachleuten und aus Büchern. (Darüber, wie man Bücher richtig liest, mehr im Kapitel „Über den Umgang mit Büchern".) Du kannst Dir Wissen und Informationen nur beschaffen, indem Du fragst. Frag den Leuten (Eltern und Lehrern sowieso!) Löcher in den Bauch. Auch wenn man Dich für eine Nervensäge hält – *frage!*

Hab immer einen kleinen Schreibblock und einen Bleistift bei Dir. Du kannst nie wissen, wann Du interessanten Leuten begegnest. Mach richtige Interviews mit ihnen und notier Dir, was Du erfahren hast. So schnell kommt die Gelegenheit vielleicht nicht wieder. Für diese Notizzettel kannst Du Dir eine Kartei nach Wissensgebieten machen! Unter Stichwörtern wie Biologie, Film, Heimatkunde, Automechanik usw. ordnest Du ein, was Du erfahren hast. Du kannst auch interes-

Mit einem Archiv kannst Du Dein Wissen sammeln.

sante Zeitungsartikel in die Kartei aufnehmen, und wenn Du Material für einen Aufsatz oder einen Vortrag brauchst, genügt ein Griff in Dein Privatarchiv — schon hast Du das nötige oder zusätzliches Material bei der Hand.

Fragen bringt die Gehirnmaschinerie in Schwung! Gelegentlich wird unser Gehirn mit einem Computer verglichen (oder umgekehrt, der Computer mit einem Gehirn; man sagt ja zum Beispiel „Elektronengehirn"). Das stimmt nur, soweit es sich um die Speicherung und Abrufung von Informationen handelt. In Wahrheit ist unser Gehirn jedem Computer haushoch überlegen. Es kann nämlich knobeln, phantasieren, träumen, erfinden, sich etwas vorstellen — lauter Tätigkeiten, bei denen ein Computer kläglich versagen würde. Aber es hat — dem Computer gegenüber — auch zwei entscheidende Nachteile. Erstens ist es nicht so flink, und zweitens verkümmert es und beginnt, schlecht zu funktionieren, wenn wir es nicht arbeiten lassen. Der erste Nachteil fällt nicht ins Gewicht, denn dafür sind ja schließlich die schnellen Computer erfunden worden.

Aber der zweite ist sehr ernst, und man kann ihn nur ausgleichen, indem man das Gehirn unentwegt beschäftigt — und zwar mit „Denkfutter", also Fragen. Fragen mobilisieren die grauen Zellen und rufen das Gelernte, Gelesene, Gehörte, Gesehene, Erlebte und Erfahrene in Erinnerung.

Es gibt keine dummen Fragen!

„Wer rastet, der rostet!" Dieses alte Sprichwort gilt besonders für das Gehirn. Erweitere Deine Grenzen, und streng Deinen Kopf an. Wenn Du Dir nur Gruselvideos reinziehst und Dich ausschließlich für Fußball oder Mode interessierst, wirst Du ein stinklangweiliger Typ, der überall, wo er erscheint, Gähnen hervorruft, zumindest bei den Leuten, die ein bißchen mehr in der Birne haben. Hab vor allen Dingen keine Angst zu fragen. Dumme Fragen gibt es (in Deinem Alter) nicht! Schäme Dich niemals, daß Du etwas nicht weißt! Tu niemals so, als hättest Du eine Erklärung verstanden, wenn Du in Wirklichkeit nichts kapiert hast. Nimm nie-

mals etwas als richtig hin (,,Wird schon stimmen!''),
bloß weil es ein Älterer, ein Lehrer, ein Journalist oder
ein berühmter Schriftsteller sagt (die irren sich ungeheuer oft!). Laß nicht locker, bis Du verstanden hast
und klarsiehst. Hab keine Angst, daß man Dich für einen Dummkopf hält, wenn Du viel fragst.

Im Gegenteil, die meisten Leute werden denken:
Aha, da ist einer, der sich interessiert, ein heller Kopf,
der was wissen und lernen will. Und laß Dich niemals

Noch einmal: *frage!*

durch dumme Antworten abschrecken (die gibt's im
Unterschied zu Fragen nämlich massenweise). Dumme
Antworten sind eine Spezialität von Dummköpfen.
(Kluge Leute geben zu, wenn sie etwas nicht wissen.)
Strohköpfe reagieren auf Fragen frech, weil sie nicht
die menschliche Größe haben, zuzugeben, daß sie selber nicht genau Bescheid wissen. Ihnen darfst Du ruhig ironisch antworten: ,,Es tut mir leid, daß ich so
dumm bin, aber ich bin ja auch erst elf (oder zehn oder
vierzehn, wie alt immer Du bist) und noch kein so be-
wunderungswürdiger Alleswisser wie Sie!'' Der Hieb
sitzt bestimmt! Dummköpfe gibt's massenweise in unserer Welt. Sie fragen nicht, sondern plappern nach,
was ihnen andere erzählt haben, ohne es zu verstehen.
Sie sind eingebildet und tun so, als ob. Bitte gehör nicht
zu ihnen. *Frage!*

Vom richtigen Umgang mit Lehrern

Bevor wir in den folgenden Abschnitten ganz praktisch
werden, hier rasch noch ein paar allgemeine Tips, wie
Du mit Deinen Lehrern besser klarkommst. Schließlich mußt Du während Deiner ganzen Schulzeit – also
viele Jahre lang – mit ihnen leben, und es darf Dir
nicht gleichgültig sein, was sie von Dir denken oder halten. Wenn Du schlecht mit ihnen auskommst, versuche so oft wie möglich, ,,in ihre Haut zu schlüpfen'';
also nachzufühlen, wie ihnen zumute ist. Sie stehen
nämlich unter der gleichen Anspannung wie Du, und

ihre Leistungen werden genauso kontrolliert wie Deine. Auch Lehrer sind Menschen! Jeder Lehrer muß in seinen Unterrichtsstunden ein bestimmtes Maß an Arbeit schaffen, das der Lehrplan ihm vorschreibt, und man kann schon verstehen, daß er (bzw. sie) gelegentlich nervös wird, wenn zwei, drei Leute in der Klasse ständig nachhinken, weil sie nicht richtig arbeiten oder durch Albernheiten den ganzen Betrieb aufhalten.

An anderer Stelle haben wir schon einmal gesagt, daß Lehrer auch nur Menschen sind. Das klingt zwar ein bißchen komisch, weil schließlich niemand annimmt, sie seien Halbgötter oder Krokodile, aber während der Schulzeit vergißt man oft, daß Lehrer genauso ihre Stärken und Schwächen haben wie jeder von uns.

Es gibt gute Lehrer, mittelmäßige Lehrer und schlechte Lehrer, so wie es in jedem Beruf bessere und weniger gute Leute gibt. Und mit den weniger guten muß man genauso auskommen wie mit den erstklassigen, weil die erstklassigen nämlich überall selten sind, auch in Lehrerzimmern.

Und nun die Tips:

- Behandle Deine Lehrer mitmenschlich, das heißt, verhalte Dich ihnen gegenüber so, wie Du möchtest, daß sich andere Dir gegenüber verhalten. Sei freundlich, höflich und hilfsbereit. Versuch, ihre Schwächen zu übersehen und nicht gegen sie auszunutzen. Zeig ihnen, daß Du interessiert bist an dem, was sie sagen, und beteilige Dich am Unterricht.

- Versuch niemals, Dich bei ihnen lieb Kind zu machen, z.B. indem Du einen anderen verpetzt. Das wirkt auf Deine Klassenkameraden – und meist auch auf den Lehrer – unsympathisch.

- Quäl sie nicht mit blöden Streichen, denn selbstverständlich haben alle Lehrer Angst davor, von ihren Schülern geärgert zu werden. Stell Dir vor, wie Dir zumute wäre, wenn Du in eine Gruppe von dreißig Leuten kämst, die alle nur auf das eine aus sind: Dich in Verlegenheit zu bringen und über Dich zu lachen!

Eine Chance für die Lehrer!

- Sei aber auch kein Drückeberger, und hab keine Angst vor Deinen Lehrern. Sage immer laut und deutlich, wenn Du findest, daß ein Lehrer ungerecht war oder sich geirrt hat. Schluck nichts runter, bloß weil Du keine Schwierigkeiten haben willst. Bleib immer sachlich und höflich.

- Gib Deinen Lehrern eine Chance. Hak sofort ein, wenn Du nicht ganz genau verstanden hast, was sie erzählt oder erklärt haben. Es muß nicht nur an Deinem ,,Holzkopf'' liegen, wenn Du ein Problem nicht begreifst. Auch ein guter Lehrer kann seinen schlechten Tag haben und eine Sache nicht einleuchtend genug darstellen. Gib ihm die Chance, es besser zu machen. Wenn sein Unterricht langweilig ist, mach Verbesserungsvorschläge. Denk Dir Möglichkeiten aus, wie man ein sprödes Thema unterhaltender darstellen könnte.

- Wenn ein Lehrer Dich nicht leiden kann, prüf zuerst, ob Du Dir das vielleicht nicht bloß einbildest. Möglicherweise rührt sich Dein schlechtes Gewissen, weil Du nicht genug gearbeitet hast. Falls er Dich aber wirklich nicht ausstehen kann (das gibt's natürlich, obwohl ein guter Lehrer sich so etwas nicht anmerken lassen darf), pack den Stier bei den Hörnern, geh hin und frag: ,,Sagen Sie, Herr Meier (Frau Lehmann), haben Sie eigentlich etwas gegen mich? Sie behandeln mich so unfreundlich. Kann ich etwas tun, daß wir besser miteinander auskommen?'' Das wirkt meistens! Wenn nicht, sprich sofort mit Deinen Eltern, und bitte sie, etwas zu unternehmen.

Alle sprechen von Automatisierung . . .

Wir auch. Du wirst gleich sehen, warum. Erinnerst Du Dich daran, wie Du radfahren gelernt hast? Dachtest Du damals nicht: Das lerne ich nie!? Dein Drahtesel schwankte und wackelte. Du warst in Schweiß gebadet und solltest gleichzeitig trampeln und balancieren, fahren und auf den Weg achten. Der Muskelkater am Abend war nicht von schlechten Eltern! – Und wie klappt es heute?

Du bewegst Dich auf dem Fahrrad mit hoher Geschwindigkeit vorwärts und transportierst spielend auch noch Taschen und Tüten. Muskelkater hast Du schon lange nicht mehr. Du achtest ganz von selbst auf den Weg und den Verkehr, Deine Ladung und die Passanten, sprichst noch mit Deinem Freund, der neben Dir fährt, und manchmal läßt Du sogar für ein paar Sekunden den Lenker los. Radfahren ist ein Riesenspaß für Dich, und Du findest es kinderleicht. Denn Du hast es so lange geübt und Dich auch von Stürzen nicht entmutigen lassen, daß jetzt alle Signale, die Dein Gehirn an Deinen Körper weitergibt, um das Rad zu fahren, ganz von selbst kommen und die richtigen Bewegungen und notwendigen Verhaltensweisen automatisch auslösen.

... und plötzlich geht alles wie von selbst!

Beobachte Deinen Vater beim Autofahren: Er erzählt, lacht über einen Witz und hört Radio. Auch er fährt „automatisch". Sein Unterbewußtsein lenkt, beobachtet, sieht voraus und korrigiert die Geschwindigkeit. Nur wenn er den Weg nicht kennt oder der Verkehr stärker als üblich ist, ändert sich sein Verhalten. Jetzt muß er aufpassen, sich bewußt konzentrieren; wenn er sich wieder auskennt, kommen die unbewußte Reaktion und die gelöste Sicherheit zurück. Das nennt man Routine. Ihr – Dein Vater und Du – seid routinierte Verkehrsteilnehmer.

Und so, wie das Rad- und Autofahren, kann jeder mechanische Arbeitsvorgang, auch der komplizierteste, vom Unterbewußtsein übernommen und automatisch wieder hervorgebracht werden. Voraussetzung dafür sind das Üben, Wiederholen und Trainieren.

So oft, so lange und so gründlich, bis es eben „automatisch" geht. Dann sind der Geist, das Bewußtsein, der Denkapparat frei für etwas anderes: für Pläne, Ideen, Gedanken und plötzliche Einfälle.

Du hast natürlich längst gemerkt, wohin der Hase läuft und worauf wir hinaus wollen. Du sollst Dein Wissen „automatisieren" und ständig abrufbereit halten. Nimm zum Beispiel die Fremdsprachen. Ohne die Beherrschung wenigstens einer fremden Sprache kommt heute kein Mensch mehr aus. Beherrschung heißt, daß man mühelos Zeitungen und Bücher lesen und ein vernünftiges Gespräch führen kann. Also „How do you do? – Oh, I am fine!" ist nicht genug, wenn man in England vier Wochen Ferien machen will.

Um Dich in der fremden Sprache gut und richtig auszudrücken, mußt Du Vokabeln und Grammatikregeln ständig parat haben. Sie müssen Dir in Fleisch und Blut übergehen. Hör Radiosendungen in der Sprache, die Du lernst, kauf Dir Zeitungen; versuch, in der Fremdsprache zu denken; sprich sie, sooft Du kannst. Lern die Sprache nicht Lektion für Lektion immer zur nächsten Stunde, sondern ununterbrochen und für den täglichen Gebrauch.

Egal, ob Du Lehrling oder Schüler bist: alle Techniken, Handgriffe, Vokabeln, Regeln und Formeln, die Du für Deine Arbeit benötigst, mußt Du so lange üben, wiederholen und trainieren, bis Du sie im Schlaf kannst.

Nur Übung macht den Meister!

Das ist Dir zu langweilig? – Unsinn! Jetzt wird's nämlich erst interessant. Dein „innerer Roboter", Dein Gedächtnis, erledigt zuverlässig alle Routinearbeiten, während Dein Geist frei ist, das zu tun, was die meisten Menschen nicht können: planend vorausdenken, originelle Ideen entwickeln, geistesgegenwärtig sein. Nur das macht Dich überdurchschnittlich.

Wenn Du Dich nicht automatisierst, wirst Du zuviel Zeit mit den Anfangsschwierigkeiten einer Sprache verplempern. Du lernst dann immer noch radfahren, während andere schon im Porsche an Dir vorbeiflitzen.

Da wir in diesem Buch jetzt schon mehrfach auf die Wichtigkeit von Fremdsprachen hingewiesen haben, wird es allmählich Zeit, auch einmal etwas über unsere eigene Sprache nachzudenken. Das geschieht im nächsten Abschnitt.

Deine Muttersprache

Deine Muttersprache kannst Du auch vom Vater lernen, von Deiner Oma, in der Schule, aus dem Radio oder in der Volkshochschule. Von wem oder wo Du sie Dir aneignest, hängt von Deinen Lebensumständen ab. Auf alle Fälle hat aber jeder Mensch in Deutschland (in Österreich oder in der Schweiz) heute die Möglichkeit, die deutsche Sprache richtig zu lernen. Das war keineswegs immer so. Vor noch gar nicht langer Zeit konnten nur wohlhabende Menschen Bildung erwerben, und man erkannte die Angehörigen der „niederen Stände" (wie man damals sagte) unter anderem auch daran, daß sie ein fehlerhaftes Deutsch sprachen oder schrieben (soweit sie überhaupt schreiben konnten). Auch heute gilt jemand, der seine eigene Sprache nur mangelhaft beherrscht, als ungebildet und wird von anderen darum nicht für voll genommen.

Bildung ist für alle da – das ist eine große Chance!

Gutes Deutsch ist für Dich also das A und das O!

Nur ein Mensch, der seine Ideen, Wünsche, Sorgen und Vorschläge mündlich und schriftlich einwandfrei und unmißverständlich vorbringen kann, hat die Chance, von anderen gehört und verstanden zu werden. Darum sollten nicht nur Lehrer, Journalisten und Politiker sich gründlich mit der deutschen Sprache beschäftigen, sondern auch Techniker, Krankenschwestern, Hausfrauen, Köche, Bäcker, Optiker, Verkäufer, Polizisten, Künstler, Mechaniker und Kellner, kurzum – wir alle. *Ein Mensch, der an seiner Sprache arbeitet, arbeitet an seiner Persönlichkeit.*

Wenn Du einmal die Gelegenheit hast, sieh Dir doch das Musical „My Fair Lady" an.

Dort wird auf höchst amüsante Weise die Geschichte des Londoner Blumenmädchens Eliza Doolittle erzählt, die zu einer großen Dame wird, weil sie gut und richtig sprechen lernt. „Die Sprache macht den Menschen – die Herkunft tut es nicht!" heißt es im Text

„Die Sprache macht den Menschen – die Herkunft tut es nicht!"

der deutschen Übersetzung, und gemeint ist damit, daß
sich mit der Sprache auch der Mensch verändert, weil
Sprache nichts anderes als hörbar gemachtes Denken
ist, verbesserte Sprache also auch verbesserte Denklei-
stung bedeutet.

Deutsch ist

- die Sprache großer Künstler, Schriftsteller und Phi-
  losophen.
- eine Sprache, die in der ganzen Welt mehr und mehr
  gelernt und verstanden wird, weil es eine sehr genaue und darum nützliche Sprache ist.
- eine Sprache, in der es schwierig ist, sich einfach auszudrücken.
- eine Sprache, die zu lernen sich in Zukunft noch
  mehr lohnen wird.

Wie sprichst Du? Wenn Du einen Cassetten-Recorder hast, stell ihn an,
wenn Du mit Deiner Familie bei Tisch sitzt. Stell ihn
an, wenn Du eine Geschichte oder ein Erlebnis erzählst.
Stell ihn an, wenn Du mit Deinen Geschwistern strei-
test oder mit Deiner Freundin telefonierst. Beim Ab-
hören wirst Du − wenn Du selbstkritisch genug bist −
entsetzt sein, wie schlecht Deine Sprache und Deine
Stimme sind. Darum gehören nicht nur der Duden, die
Sprachlehre und ein Synonymlexikon zu Deinem täglichen Schulhandwerkszeug, sondern auch Dein Recorder (siehe auch unter Kapitel „Tips für die Arbeit mit
dem Tonband"). Er ist ein sachlicher, unbestechlicher
Kritiker. Mit ihm kannst Du Deine Versäumnisse und
Fortschritte selbst messen. Bewahr Dir unbedingt die
ersten Cassetten, die Du besprochen hast, auf. Spiel
sie Dir vor, wenn Du einmal den Eindruck hast, daß
sich Deine Leistungen in Deutsch trotz vieler Mühe
scheinbar nicht bessern wollen. Wenn Du nach den
Empfehlungen des folgenden Abschnitts gearbeitet
hast, wirst Du merken, wie groß Dein Fortschritt in
Wirklichkeit ist.

Deine Stimme – die hörbare Visitenkarte

Deine Stimme ist so unverwechselbar und persönlich wie Dein Fingerabdruck oder Deine Handschrift. Wenn Du sprichst, kann ein Zuhörer – ohne daß Du direkt etwas von Dir erzählst – eine Menge über Dich erfahren, und zwar aus Deiner Stimmlage, Deinem Tonfall und Deiner Sprache. Viele Leute haben sich schon in eine Stimme verliebt, den Menschen, dem sie gehörte, aber nie gesehen. Ansagerinnen, Telefonseelsorger, Sänger, Redner und Verkäufer verdanken einen großen Teil ihres Erfolges der Überzeugungskraft ihrer Stimme und dem sympathischen Eindruck, den sie bei anderen hinterläßt. Du selbst hast wahrscheinlich schon festgestellt, daß Dir jemand mit einer volltönenden, angenehm dunklen Stimme sehr viel lieber ist als jemand mit einer kreischenden, schrillen oder krächzenden Piepsstimme. Je dunkler eine Stimme ist, um so vertrauenerweckender und anziehender ist sie. Das gilt auch für Mädchen und Frauen.

Hast Du eine angenehme Stimme?

Wie hört sich Deine Stimme an? – Als Du Dich zum ersten Mal vom Tonband gehört hast, hast Du wahrscheinlich einen Schreck bekommen und gar nicht glauben wollen, daß Du es bist, der da spricht. Nichts klingt fremder als die eigene Stimme, wenn sie von außen an unser Ohr dringt. Normalerweise, wenn wir sprechen, hören wir nämlich alle Resonanzen, die die Stimme im Kopf hervorruft, mit; daher der veränderte Klang. Ein Cassetten-Recorder – und jetzt kommen wir wieder zur Praxis – ist also ein unbestechlicher Kritiker, der Dir zeigt, daß Du Buchstaben unsauber aussprichst, Silben verschluckst, zu schnell und zu hoch sprichst, zu scharf oder zu wenig betonst. Mach einmal im stillen Kämmerlein eine Sprechprobe mit verschiedenen Texten: Zeitungsartikeln, Gedichten, Erzählungen, Reklamesprüchen usw. Du wirst über die vielen Mängel, die Deine Stimme und Aussprache haben, staunen.

„Was soll der ganze Zauber?" könntest Du jetzt natürlich sagen. „Wenn meine Stimme so unverwechselbar ist wie ein Fingerabdruck oder die Handschrift, dann kann ich ja doch nichts daran ändern und muß mich eben damit abfinden." – Nun, vielleicht ist das Beispiel mit dem Fingerabdruck irreführend (obwohl es stimmt!).

Eine Stimme
kann man
verändern!

Einen Fingerabdruck kann man natürlich nicht verändern (welch ein Glück für den Kommissar!), an Stimme und Schrift jedoch kannst Du sehr viel arbeiten und beides erheblich verbessern. (Über Deine Handschrift später mehr).

Wenn Du den folgenden kleinen Sprechkurs mitmachst, kannst Du Dir zu einer wohltuenden, angenehm klaren Stimme verhelfen, die Deine Zuhörer aufhorchen läßt und die sie sympathisch finden werden. Mach mit – es ist enorm wichtig für Dich!

Die Übungen

1. Übung

Du beginnst in entspannter Sitzhaltung. Beide Füße stehen mit der ganzen Sohle auf. Knie und Hüften sind locker, Rücken gerade, Unterarme auf dem Tisch. Ausatmen! Langsam riechend tief einatmen – den Mund scheunentorweit öffnen – und auf aaaa ausatmen, solange die Luft reicht. Der Mund wird dabei so weit geöffnet, wie der Unterkiefer nachgibt, und die Zunge kräftig nach unten gedrückt. Nun klingt das a sauber und klar. Ein zum halben o gequetschter Dialektlaut gilt nicht. Bei richtiger, das heißt weit geöffneter Mundstellung kommt das a rein heraus. Das übst Du jetzt mit allen Vokalen (Selbstlauten), also:

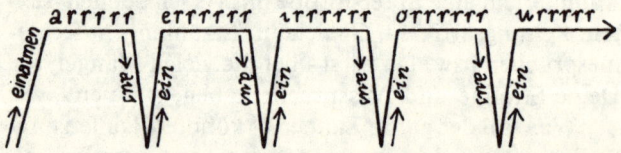

126

Das e ist ein liegendes Rechteck. Zähne zeigen!

Beim i die Oberlippe hochziehen. Beim o den Mund kreisförmig vorwölben, als wolltest Du eine Feder wegpusten. In die kleine Öffnung, die Deine Lippen lassen, paßt gerade die Spitze des kleinen Fingers hinein. Beim Ausatmen das o (in Gedanken) nach unten drücken, so daß es voll und dunkel klingt.

Beim u ist der Mund noch weiter vorgeschoben, die Lippen lassen nur noch die winzigste Öffnung. Der Ton muß dunkel, weich und angenehm sein wie in „muh".

Diese Übung mit den Selbstlauten (Vokalatmung) machst Du täglich fünfmal hintereinander. Von jetzt ab beginnt Dein Tag also mit aeiou/aeiou/aeiou/ aeiou/aeiou.

Wenn Du die Vokale nach ein paar Tagen rein und klangvoll herausbringst, bist Du schon einen großen Schritt weiter. Außer einer Reinigung Deiner Aussprache und erfrischenden Atemübungen bewirkst Du mit der Vokalatmung auch noch gesundheitliche Anregung, denn jeder Vokal hat eine andere Richtung: Das a läßt Magen, Brustkorb und Sonnengeflecht, also das große Nervenzentrum in der Gürtelgegend, schwingen.

Das e klärt die Stimme, befreit von Heiserkeit, durchblutet Hals und Kehle und regt die Schilddrüsentätigkeit an.

Das i läßt Kopf, Gehirn und müde Augen vibrieren. Wenn Du Deine Fingerspitzen leicht auf den Scheitel legst, fühlst Du deutlich die Schwingungen in Deinem Schädel. Das Gehirn wird also sanft massiert.

Das o durchblutet Herz und Herzkranzgefäße. Das u drückt das Zwerchfell hinunter und gibt die Schwingungen an den Unterleib weiter.

Diese Übung, jeden Morgen durchgeführt,

- erhöht die Lebenskraft und Lebensfreude
- steigert die Konzentrationsfähigkeit
- beruhigt die Nerven
- bildet eine volle, klangvolle Stimme.

Du kannst diese Vokalkettenübung auch Deinem Lehrer oder anderen Leuten, die viel sprechen müssen, weitersagen, denn eine bessere Übung gibt es nicht!

2. Übung

Die zweite Übung in unserem kleinen Kursus läßt die Stimmbänder schwingen und vibrieren und macht die Stimme voll und dunkel. Zwar kitzeln die Lippenränder am Anfang ein bißchen, und es ist auch möglich, daß Dich das große Gähnen überkommt und Du hinterher etwas Kopfweh hast, aber das zeigt nur, daß Dein Körper positiv reagiert und den Sauerstoffmangel behoben hat. – Achtung, es geht los!

Ausatmen. Langsam und tief einatmen und mit geschlossenem Mund mmmmmm summen, ohne zu unterbrechen, so lange, wie der Atemvorrat reicht. Dreimal ganz leise. Dreimal laut. Dreimal hintereinander so kräftig, wie Du nur kannst.

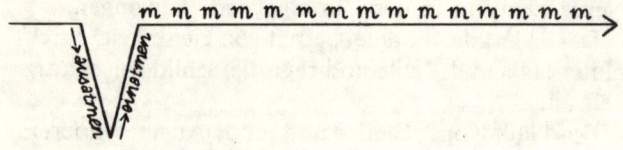

Gerade die Steigerung des Stimmdrucks ist wirkungsvoll und muß unbedingt eingehalten werden.

3. Übung

Diese dritte, einfache Übung wird Dir helfen, daß Deine Aussprache klar und deutlich wird. Beim Training immer übertreiben, aber nur beim Training! Es geht los:
Wieder ausatmen. Lungen ganz leer machen. Langsam, tief einatmen, ausatmen.

auf	arrr

dann	err
dann	irrr
dann	orrr
dann	urrr

Alles wieder fünfmal hintereinander. Stark rollend sprechen. Richtig übertreiben.

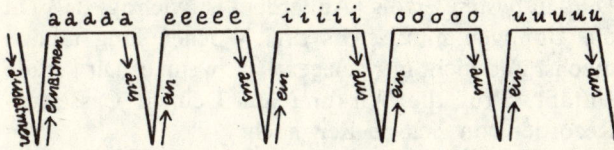

Um diese Übung gleich richtig anzuwenden, hier noch einige Beispiele von Wörtern, die Du (nur zu Übungszwecken!) stark übertrieben rollend aussprichst:

Reich – rund – Reis – rollen – rasch – Rebe – Rübe – Ring – rein – klar – wahr – bar – Schar – Haar – trübe – treiben – treten – trachten – trinken – verworren – verirren – gurren – girren – Narr – wirr – irr – Geschirr

Eine Piepsstimme kann nur verbessert werden, wenn das Atemvolumen, also die Menge der eingeatmeten Luft in den Lungen, vergrößert wird. Das erreichst Du, indem Du beim Training immer bis an die Grenzen Deiner Kraft und Ausdauer gehst. Wenn Du Dir keine Anstrengungen zumutest und bequemerweise auf der Leistungsstufe bleibst, auf der Du sowieso schon bist, wirst Du niemals Deine Grenzen erweitern und Dein Können steigern. Das haben wir ja schon in anderem Zusammenhang gesagt, und es gilt wirklich für jede Art von Training.

Sprechen lernt man nur durch Sprechen!

Kreischende, schrille Stimmen üben besonders fleißig das mmmm, das man noch erweitern kann auf mamamamama, mememememe, mimimimimi, momomomomo, mumumumumu. Aber wichtig bei unserem kleinen Sprechkurs ist, daß Du alle drei Übungen machst und Dir nicht eine heraussuchst, weil Du findest, sie sei besonders nützlich und die anderen brauchtest Du nicht. Komm also nicht auf die Idee, nur das i zu üben, um Deine Gehirntätigkeit besonders anzuregen. Du erntest nur Kopfweh. Der ganze Körper muß harmonisch arbeiten und ein Organ das andere unterstützen. Alles muß angeregt und durchblutet werden. So erzielst Du den besten Erfolg. Außerdem ist wichtig, daß Du die Übungen mindestens drei Wochen lang täglich machst und nicht nur gelegentlich, wenn es Dir gerade einfällt. Prüf die Wirkung auf Deinem Cassetten-Recorder von Zeit zu Zeit nach.

Für Mädchen ist wahrscheinlich noch interessant, daß unser Stimmtraining auch eine kosmetische Wirkung hat: Es durchblutet und strafft die Mund- und Kinnpartie. Lies Dir möglichst oft schwierige Texte aus einem Buch (siehe die folgenden Beispiele) oder aus der Zeitung vor, aber laut, langsam und mit eingeschaltetem Tonband. Sprechen lernt man nur durch Sprechen.

Tips für die Arbeit mit dem Tonband

Bestimmt macht es Dir Spaß, Dein eigener Toningenieur zu sein und Dir eine Sammlung von Cassetten anzulegen, die Du selbst besprochen hast. Du wirst Dich über die Fortschritte freuen, die Du machst, und merken, welche Befriedigung es Dir verschafft, an Deiner Persönlichkeit „zu meißeln und zu modellieren".

Mit dem Cassetten-Recorder geht es am besten!

Bevor wir Dir jetzt einige Zungenbrecher für Deine Übungen vorschlagen, noch ein paar Tips, wie Du zu einem Cassetten-Recorder kommen kannst, falls Du noch keinen hast:

130

1. Zum Geburtstag oder zu Weihnachten wünschen.
2. Zusammensparen! Es gibt schon recht preiswerte, gute (meist japanische) Modelle. Kauf Dir von Deinem mühsam abgeknapsten Taschengeld keinen Schund! Prüf die verschiedensten Angebote auf ihre Klangqualität. Wenn Du einen Recorder in einem Discountladen kaufst, achte darauf, daß dieser Laden — für den Fall der Fälle — auch einen Reparaturservice hat.
3. Ausleihen für ein halbes Jahr! Als Leihgebühr kannst Du (Deinem älteren Bruder, Deinem Freund oder von wem immer Du den Apparat bekommst) vorschlagen, ein halbes Jahr lang die Schuhe zu putzen oder irgendeine Arbeit zu verrichten, die der Betreffende ungern tut!

Und jetzt zu den Zungenbrechern:
Sag jeden Satz fünfmal hintereinander!

- Klibister — klabaster — klubuster — klubuster — klabaster — klibister.
- Esel fressen Nesseln nicht, Nesseln fressen Esel nicht.
- Schnall mal schnell die Schnallen an die Schlittschuh!
- Der dicke Friedrich trug den dünnen Friedrich durch das dunkle Dorf Dubelpoppel.
- Es lagen zwei zischende Schlangen zwischen zwei spitzen Steinen und zischten dazwischen.
- Violett steht recht nett, recht nett steht violett.
- Zwischen zwei Zwetschgenzweigen zwitschern zwei Schwalben.
- Metzger wetzt sein Metzgermesser.
- Fritz ißt Frischfleisch.
- Bierbrauer Breuer braut Braunbier.
- Blaukraut bleibt Blaukraut, und Brautkleid bleibt Brautkleid.
- Der Kottbuser Postkutscher putzt den Kottbuser Postkutschenwagen.

- Vor dem Schokoladenladen laden Schokoladenmädchen Schokolade ab. Schokolade laden Schokoladenmädchen vor dem Schokoladenladen ab.
- Gleich bei Blaubeuren liegt ein kleiner Klotz Blei.
- Schwermütiges Meerschweinchen schüttelt sich gerettet in eine Pappelgruppe.
- Vor dem Scheibenschießenschützenhaus schätzen Schützen Schießdistanzen.
- Unser alter Ofentopfdeckel tröpfelt.

Diese Zungenbrecher sind gute Möglichkeiten, die Artikulation und Sprechtechnik zu üben. Du wirst vor der Klasse oder einer Gruppe von Menschen viel weniger nervös sein und Dich nicht mehr so oft verhaspeln, wenn Du schwierige Wörter und Satzfolgen zu Hause übst. Auch beim Lernen einer Fremdsprache hilft Dir ein Cassetten-Recorder.

Englisch sprechen mit Bon Jovi! Ob zum Beispiel Deine englische Aussprache gut oder typisch deutsch ist, hörst Du, wenn Du Deine Stimme auf der Cassette mit englischen Rundfunksendungen oder Plattenaufnahmen vergleichst. Versuch's mal mit „I believe" von Bon Jovi, einem Stück, mit dem Du wunderbar die englische Aussprache üben kannst (aber natürlich kannst Du auch ein beliebiges anderes Lied nehmen):

Bon Jovi, I believe
(Keep the Faith)

I believe

All I know is what I've been sold
You can read my life like a fortune told
I've seen the dream, there's no land of Oz
But I got my brain and I got a heart
And courage built I won't let go
What we need right now is soul

I can't do this, you can't do that
They feed us lines but I won't act

And all good things will come to pass
But the truth is all you have to have
And would you lie for it?
Do you cry for it?
Would you die for it ?
Would you

I believe, I believe
With every breath that I breathe
You and me can turn a whisper to a scream
I believe, I believe

You gave it all, then you gave more
You know what you came here for
You'll pay the cost, like it's your cross to bear
Are we the ones that put it there
Would you scheme for it, scream for it, bleed for it
Would you

I believe, I believe
Believe we're still worth
The fight you'll see
There's hope for this world tonight
I believe, I believe

Don't look up on your movie screens
In record stores or magazines
Close your eyes and you will see
That you are all you really need

I believe, I believe
With every breath that I breathe
You and me can turn a whisper to a scream
I believe, I believe

Deine Handschrift

So, wie Du an Stimme und Sprache arbeiten und sie
verbessern kannst, kannst Du auch eine Menge für ein
besseres Schriftbild und eine gute Handschrift tun. Die

Die Schrift sagt viel über den Charakter.

Schrift ist festgehaltene Körperbewegung und verrät eine Menge über den Charakter und den seelischen Zustand des Schreibers. Wie Du bestimmt weißt, können erfahrene Graphologen, also Handschriftenkundler, wichtige Aussagen über die Intelligenz, die Eigenschaften und Fähigkeiten eines Menschen machen, dessen Schrift sie untersuchen. – Aber keine Angst vor Graphologen! Deine Schrift verrät nicht mehr als das, was ein aufmerksamer Beobachter aus Deiner Körperhaltung, Deinem Gesichtsausdruck, Deiner Stimme und Deinem Verhalten nicht auch erkennen könnte.

Um aus einem wüsten Gekrakel eine gut leserliche Handschrift zu machen, ist erst einmal wichtig, daß Dir Dein Handwerkszeug gefällt, denn nur so macht das Üben Spaß. Auf altem Schmierpapier, mit einem gammeligen Kugelschreiber bringt auch ein Kalligraph, also ein Schriftkünstler, kein schönes Schriftbild zustande. Kauf Dir für Deine Schönschreibübungen einen feinen Block und einen guten Füllfederhalter. Gib Deiner Schrift auch äußerlich eine persönliche Note; zum Beispiel könntest Du eine besondere Tinte verwenden, die nicht jeder hat: ein bestimmtes Blau, vielleicht auch Grün oder Violett. Den Block benutzt Du nur für die Übungen, und den Füller leihst Du niemals aus! Reiß den Block auch nicht auseinander, sondern verwahre alle beschriebenen Blätter sorgfältig. So kannst Du Deine Fortschritte selbst kontrollieren.

Und nun kommt das Wichtigste!

Nimm Dir eine Schrift zum Vorbild.

Schreib nicht einfach darauf los. Such Dir eine Schrift, die Du schön findest und die Dir gut gefällt, als Vorlage und kopier sie so oft wie möglich, zum Beispiel die Schrift eines Verwandten oder eines Freundes.

In den alten orientalischen Schreibschulen mußten die Schüler monatelang die Schriften großer Künstler kopieren. Damals galt Schönschreiben – wie Dichten und Musizieren – als eine Kunst, in der sich sogar Fürsten übten.

Für Dich ist wichtig, daß Du Dir die Schrift eines Menschen zum Vorbild nimmst, den Du magst. Form und Schriftbild hängen dabei ganz von Deinem persönlichen Geschmack ab. Du mußt nur bedenken, daß die Schrift dazu da ist, gelesen zu werden, und daß viele Bögen, Schnörkel und unleserliche Kritzeleien keineswegs auf die Intelligenz eines Schreibers hindeuten.

Die Schrift muß nicht „schön" sein wie im Bilderbuch. Das ist steril und langweilig – aber sie sollte Charakter haben, gefällig und ausdrucksstark sein. Das Kopieren einer anderen Schrift bedeutet übrigens nicht, daß Du nun immer so schreiben sollst wie ein Fremder.

Deine eigene Persönlichkeit wird sich schon früh genug in Deinem Schriftbild durchsetzen. Die fremde Schrift soll vielmehr so etwas wie ein Zaun, ein Geländer oder eine Richtschnur für Dein Formgefühl sein – damit die Pferde nicht so leicht mit Dir durchgehen.

Wir wissen, daß die Arbeit an sich selbst die schwerste Arbeit überhaupt ist. Aber es ist auch die lohnendste.

In einem unserer Kurse gab es zum Beispiel ein elfjähriges Mädchen, das nicht nur innerhalb eines Jahres aus einer „Hühnerklaue" eine hübsche Schrift entwickelt hat, sondern sich durch die Übungen auch zu einem originellen Hobby anregen ließ. Sie malt jetzt in ihrer Freizeit chinesische Schriftzeichen mit Tusche auf Reispapier. Das sieht so hübsch aus, daß die Leute ihr die Blätter abkaufen, und ihre Freunde sammeln die Zeichen wie andere Leute moderne Graphik.

Wie Schönschreiben zum Hobby werden kann.

So – und jetzt geht's los! Zuerst schreibst Du ganz, ganz langsam. (Eine schnelle und flüssige Schrift ergibt sich später, nach langem Üben, von selbst.)

Nach ein paar Wochen, wenn es Dir gelingt, Dein Vorbild gut zu kopieren, ist der Zeitpunkt gekommen, Deinen eigenen Stil zu entwickeln. Du verzichtest nun auf die fremde Schrift und schreibst einfach Texte ab. Dabei konzentrierst Du Dich nicht auf den Inhalt dessen, was Du schreibst, sondern auf das Schriftbild, die Raumaufteilung, jeden einzelnen Buchstaben. Allmählich kommt Deine eigene, unverwechselbar persönliche Handschrift zum Vorschein. Daß das Ganze eine schwierige Konzentrationsübung ist, bei der zuerst die Leichtigkeit der Federführung, die Lockerung des Handgelenkes, dann, mit steigender Geschwindigkeit, die immer größer werdende Handgeschicklichkeit, Deine Ausdauer und Beharrlichkeit geübt wird, ist Dir natürlich längst klargeworden. Wenn Du Lust hast, kannst Du die Arbeit jetzt um einen Schwierigkeitsgrad erhöhen: Schreib mit der linken Hand! Linkstraining entlastet die überforderte linke Gehirnhälfte, die von Rechtshändern fast ausschließlich benutzt wird. Wenn Du also mit der linken Hand schreibst, arbeitet die rechte Gehirnhälfte und die überanspruchte linke ruht aus. Versuch es einmal!

Auch mit links schreiben!

Selbstverständlich ist das Linkstraining im Anfang sehr schwierig. Du wirst vermutlich noch krakeliger und unansehnlicher beginnen als vor ein paar Monaten mit der rechten Hand. Aber Dein Übungsblock liegt ja vor Dir und beweist, was Du erreichen kannst, wenn Du willst. Übe allein! Erst, wenn Du flüssig und gut leserlich schreiben kannst, kannst Du anderen vorführen, daß Du auch mit der linken Hand schreiben kannst. Deine Freunde werden verblüfft sein, und dann wollen sie es auch können. Das macht Spaß.

Hier ein paar Tips für die Übungen:

Linkstraining für Rechtshänder / Rechtstraining für Linkshänder!

Dafür brauchst Du DIN A 4-Papier mit Rechenkästchen. Auf dem ersten Blatt übst Du (immer mit der „falschen" Hand) nur Nullen, eine in jedes Kästchen − das sind Tausende. Auf den nächsten Blättern übst Du die Zahl 8, dann die Zahl 1, dann die Zahl 6. Aber nur 10 Minuten täglich. Lieber langsam und sauber als schnell und schief. Geschwindigkeit ergibt sich durch Training. Jetzt kannst Du nacheinander die restlichen Ziffern (2, 3, 4, 5, 7, 9) und dann die großen

Buchstaben üben. Immer mit links (wenn Du Rechts-
händer bist, sonst umgekehrt!) Nie mogeln. Mogeln ist
Selbstbetrug. Hast Du diese Lektion gelernt, malst Du
Spiralen. Ganz kleine!

Dann kommen Sterne, Kreise, Ellipsen, später einfache Bäume, Häuschen, Fußbälle, ganz gerade Stri-
che (senkrecht und waagerecht), Wellenlinien, Mäan-
dermuster, Zickzacklinien, Girlanden, Schleifen, Ver-
kehrszeichen.

Wenn Dir das in einigen Monaten keine Schwierigkeiten mehr bereitet, dann versuch mit der linken Hand
zu schreiben, entweder in Spiegelschrift — das wäre ein
Spaß, wenn Dein Briefpartner erst einen Taschenspie-
gel suchen müßte, bevor er (oder sie) Deinen Brief lesen kann — oder später in ,,richtiger Schrift" . Das
Schreiben mit der ,,falschen" Hand ist reine Trainings-
sache. Nie sagen: ,,Das kann ich nicht!" Kann ich
nicht, heißt *will* ich nicht, und wer sich nicht verändern will, versteinert!

Rechtschreibschwäche

Wenn Du echte Schwierigkeiten mit der Rechtschreibung hast, bist Du ein geplagtes Wesen. Eltern oder
Lehrer überschütten Dich Tag für Tag mit gutgemein-
ten Ratschlägen, schicken Dich zu Sonderkursen und
Nachhilfestunden, verfolgen Dich auch sonntags und
schon beim Frühstück mit stummen oder wortreichen
Vorwürfen. — Aber bisher hat nichts so richtig geholfen. Obwohl Du Dir Mühe gibst und Dich wirklich an-
strengst, machst Du immer wieder haufenweise Fehler. Bestimmt wärst Du froh, wenn Du Dir dieses lästige Problem irgendwie vom Hals schaffen könntest.
Wir wollen versuchen, Dir dabei zu helfen.

Laß Dich zuerst trösten: Rechtschreibschwäche hat
überhaupt nichts mit Intelligenz zu tun! Außerdem
wirst Du im ganzen deutschen Sprachraum nur schwer
einen Menschen finden, der immer alles richtig schreibt.

> Rechtschreib-
> schwäche hat
> nichts mit In-
> telligenz zu
> tun!

Es gibt zum Beispiel ausgeklügelt schwierige Diktate für Deutschlehrer, bei denen selbst ein guter Lehrer zwanzig bis dreißig Fehler macht. Aber zwischen Fehlern und Fehlern bestehen natürlich Unterschiede: Ob einer Veilchen mit F schreibt oder im Zweifel ist, ob „irgend etwas" oder „irgend jemand" getrennt oder zusammengeschrieben wird (immer getrennt – obwohl sonst alle anderen Wörter mit „irgend" zusammenge-schrieben werden!), ist schon ein Niveau-Unterschied. Die Regeln der deutschen Rechtschreibung sind näm-lich teilweise ziemlich unlogisch – und manche Feh-ler darum entschuldbar.

Außerdem weißt Du sicher, daß es eine angeborene oder im Säuglingsalter durch bestimmte Umstände ent-standene Lese- und Rechtschreibschwäche gibt – die sogenannte Legasthenie –, die von Ärzten und spe-ziell ausgebildeten Fachleuten erfolgreich behandelt wird.

Mit ein paar weiteren einfachen Übungen kannst Du selbst etwas für Dich tun. Wenn Du täglich nur ein we-nig übst, wirst Du schon nach kurzer Zeit Deine Recht-schreibschwäche in den Griff bekommen. Aber bitte: Kein falscher Ehrgeiz! Denn die Lese- und Recht-schreibschwäche ist im Gehirn angelegt. Keine Angst – das ist kein Gehirnschaden. Bei vielen Menschen (auch ohne diese besondere Schwäche) liegt zum Beispiel das Sprachzentrum in der rechten Gehirnhälfte, obwohl es sich bei der überwiegenden Mehrheit in der linken be-findet. Das ist weder schlimm, noch ist es eine Behin-derung. Die Natur hat es eben so eingerichtet. Diese Menschen fassen Sprache eben einfach anders auf als die meisten. Zum Beispiel eher bildhaft als logisch. Sie müßten eigentlich ganz anders lesen und schreiben ler-nen, als dies heute in den Schulen gelehrt wird. Das nur zur Erklärung, damit Du nicht beunruhigt bist oder keine Zweifel an Deiner Intelligenz bekommst. Doch Dein Gehirn braucht ein besonderes Training, das Dir die Schule (leider!) nicht gibt. Allerdings müssen Deine Lehrer auf Deine Schwäche Rücksicht nehmen (z.B.

dürfen sie Deine Diktate nicht benoten, wenn Du nicht mindestens eine 4 geschrieben hast, Ärzte oder Schulpsychologen stellen Atteste über Deine Lese- und Rechtschreibschwäche aus. Falls Du also noch keines hast, bitte Deine Eltern, sich darum zu kümmern.

Aber jetzt wollen wir Dir ein bißchen praktisch helfen und Dir ein paar Tips geben, wie Du mit Deinem Handicap positiv umgehen kannst.

Falls Du eine kombinierte Lese- und Rechtschreibschwäche hast: Lies viel! Lesen trainiert das Wortvorstellungsvermögen. Auch wenn Du Dich infolge Deines Problems lieber vorm Lesen drückst (was ja auch verständlich ist) — lies! Alle Wörter, Sätze und Formulierungen trainieren auf ganz natürliche Weise Dein Sprachgefühl. Scheu Dich nicht, manche Worte, von denen Du eigentlich geglaubt hast, daß sie ganz anders geschrieben werden, zu markieren oder sie auf ein Extrablatt zu schreiben.

Lies viel!

Wenn Du (was häufiger vorkommt) mit dem Lesen kaum Probleme hast, aber mit dem Schreiben, also zum Beispiel nicht weißt, ob ein Wort mit ,,B" oder mit ,,P" geschrieben wird: Markier Dir alle Wörter (und nur die!) in einem Buch oder in Deinen Schreibheften, die mit einem B/b geschrieben werden. Leg Dir eine Wortkarten-Kartei mit allen B-Wörtern an, die Du mit der Zeit auch auf andere Problemwörter erweitern kannst (z.B. mit D,G,P,T,K, später auch ,,ie", ,,ei"). Eines der häufigsten Probleme bei einer Rechtschreibschwäche sind die Dehnungen und Verdoppelungen. Wann wird ein Wort mit einem ,,t", wann mit zweien geschrieben, wann mit einem ,,h" gedehnt, wann nicht? Falls es Dich tröstet: Auch Menschen ohne Rechtschreibschwäche müssen bei solchen Wörtern oft im Duden nachschlagen. Du kannst Dir mit einem ganz einfachen Beispiel die Sache erleichtern.

Training gegen Rechtschreibschwäche

Dazu eine kleine Vorgeschichte:

In einer Stadt gibt es zwei Autovermietungs-Firmen. Die eine ist die Firma ,,Kurz", die andere die Firma ,,Lang". Die Autos der Firma Kurz dürfen nur von

Fahrgästen (= Wörter) gefahren werden, die man kurz ausspricht, die Firma Lang nimmt nur Kunden (Wörter) an, die lang ausgesprochen werden. Du hast jetzt etwas Wichtiges gelernt, nämlich daß Du die Wörter, bei denen Du nicht sicher bist, wie sie geschrieben werden, zuerst *aussprechen* mußt. Dann weißt Du, ob sie zur Firma Lang oder zur Firma Kurz gehören. Ein paar Beispiele:

Ball	(kurz gesprochen = Firma Kurz)
kalt	(kurz)
Stahl	(lang)
Stall	(kurz)
hart	(kurz)
Haar	(lang)
Zucker	(kurz)
Bad	(lang)
wahr	(lang)
klar	(kurz)
Schuh	(lang)
Wasser	(kurz)
Kiste	(kurz)

Jetzt versuchen wir, diese Wörter in die Autos der beiden Firmen zu setzen. Die Firma Kurz (für alle kurzgesprochenen Wörter) vermietet ihre Autos allerdings nur, wenn ein Mädchen fährt und zwei Jungen auf dem Rücksitz sitzen und zwar immer. Mädchen sind Vokale (= Selbstlaute, also a, e, i, o, u, ä, ö und ü), Jungen sind Konsonanten (= Mitlaute, also alle anderen Buchstaben). Am Anfang kann (muß aber nicht) ein Kühler sein, das ist ein Anfangskonsonant oder eine Vorsilbe. Am Ende des Wagens ist der Kofferraum, in dem die Fahrgäste ruhig Gepäck mitnehmen dürfen, wobei das erste Gepäckstück aber immer ein „Mädchenkoffer" sein muß. Das sieht ungefähr so aus:

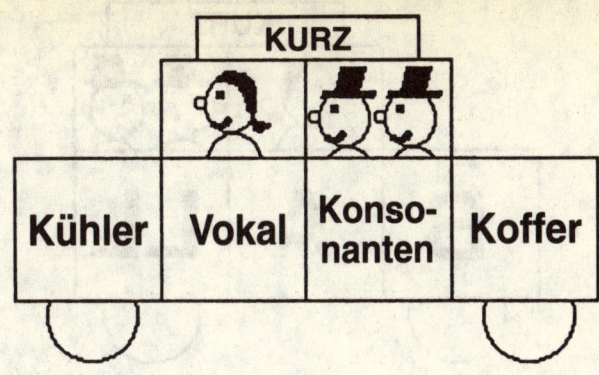

Jetzt als Wortbeispiel:

Nehmen wir das erste Wort auf unserer Liste, „Ball".
Der erste Vokal im Wort ist ein „a". Also kommt das
„Mädchen" (a) auf den Fahrersitz. Da auf dem Rücksitz immer zwei „Jungen" (= Konsonanten) sitzen
müssen, muß das „l" also doppelt sein (denn sonst wäre
ja nur ein Junge im Auto, und das läßt die Firma nicht
zu). Und so fahren sie davon:

„Zwilling"
oder
„Freund"?

Das zweite kurzgesprochene Wort ist „kalt". Auch hier ist der erste Vokal ein „a" und der zweite ein „l". Warum wird aber „kalt", das sich doch genauso anhört wie „Ball" (nur mit einem „t" am Ende) nicht ebenfalls mit zwei „l" geschrieben? Nun – dann würden auf dem Rücksitz ja drei Jungen sitzen, die Zwillinge „l" und noch ein Freund namens „t". Das aber erlaubt die Firma ebenfalls nicht, denn drei Kinder auf dem Rücksitz sind eindeutig zuviel. Also muß einer der Zwillingsbrüder aussteigen und Platz machen für das „t", was dann folgendermaßen aussieht:

Der „Freund" hat bei der Firma Kurz immer Vorrang vor dem „Zwillingsbruder". Immer wenn ein „Freund" dabei ist, muß ein „Zwilling" zu Hause bleiben.

Doppelkonsonanten kommen also in kurzgesprochenen Wörtern nur vor, wenn kein weiterer Konsonant am Ende steht. Bei dem Wort „Ball" darf (und muß) der „Zwilling" mit, weil kein „Freund" mit dabei ist. Bei dem kurzgesprochenen Wort „hart" allerdings muß der „Zwillingsbruder" des kleinen „r" zu Hause bleiben, weil der „Freund", das kleine „t", Vorrang hat. Vorsicht: ausländische Wörter fallen nicht unter diese Regeln. Ist das einleuchtend? Probier es doch einmal selbst aus, und Du wirst sehen, es ist ganz einfach. Aber was ist mit dem Wort „Zucker"? Das ist eine kleine Ausnahme. Denn das „k" wird nicht verdoppelt (ein Grundsatz der deutschen Sprache, den Du Dir merken mußt). Anstelle des Zwillings und weil kein Freund mitfahren will (wie zum Beispiel bei dem Wort „Akt"), muß der kleine Bruder des „k", das „c" einspringen. Das „c" ist bei kurzgesprochenen Wörtern immer der Ersatz für den Zwillingsbruder, den außer dem „k" und dem „z" jeder kurz aussprechbare Konsonant hat. Das „z" nimmt immer seinen Brunder „t" mit, Beispiel: Katze, Tatze, Matratze, Schatz, Schwitzen, usw. Außerdem solltest Du bei allen Wörtern, wenn Du unsicher bist, immer auf die Grundform zurückkommen. Steht zum Beispiel im Text das Wort „schätzt", kannst Du in der Grundform „schätzen" die Regeln wieder klar anwenden.

Das „h" als Dehnungs-Konsonant (d.h. man hört es nicht, wenn es gesprochen wird) kommt übrigens in kurzgesprochenen Wörtern nie vor, sondern nur in langgesprochenen. Und damit sind wir bei der Autofirma „Lang". Dort hat man auch merkwürdige Bestimmungen für die Kunden erlassen. Auch Firma Lang läßt nur ein Mädchen (Vokal) ans Steuer, aber hinten darf nur ein Junge sitzen, weil die Autos der Firma so klein sind. Das sieht dann in der Regel folgendermaßen aus:

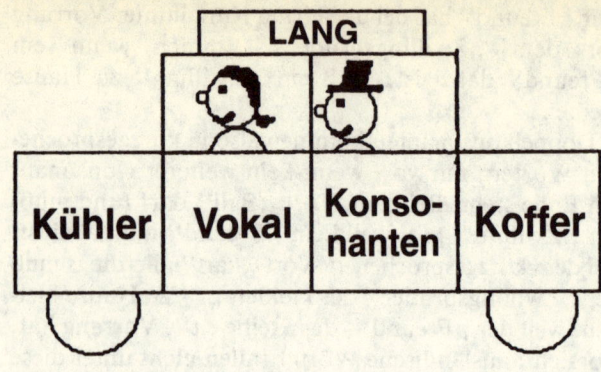

Und nun wieder als Wort:

Jetzt gibt es aber einen frechen, kleinen Knirps, der sich gern auf dem Rücksitz dazwischen mogelt. Er heißt „h" und kommt nur bei langgesprochenen Wörtern vor. Es gibt zwei verschiedene Knirpse. Der eine heißt „Dehnungs-h", der andere heißt „Stamm-h", dieser ist ein recht liebenswerter Geselle, denn er versteckt sich nicht oder zumindest nur so, daß man ihn schnell finden kann. Das „Stamm-h" ist nämlich stimmhaft, man kann es hören, wenn man das Wort ausspricht. „Hase" zum Beispiel, oder „Hose" (auch bei kurzgesproche-

nen Wörtern kommt dieses „h" vor, z.B. bei „Hass"
oder „Hemd"). Schwieriger wird es, wenn das
„Stamm-h" am Ende eines Wortes steht und sich damit verstecken will, beim Wort „Reh" beispielsweise.
Da gibt es einen einfachen Trick: Du verlängerst das
Wort (Rehe) – und schon wird das „Stamm-h" hörbar. Das „Dehnungs-h" ist dagegen ein echter Schlin-
gel, der sich gern in Autos der Firma Lang versteckt;
allerdings nur bei Nomen (Namenwörtern), Adjektiven
(Wiewörtern) und Verben (Tunwörtern). Aber mit seinem Trick hat das „Dehnungs-h" nur bei ein paar Jungen Glück, nämlich bei

l, m, n und r.

Die lassen den Kleinen gern auf die Rückbank, allerdings nur, wenn vorn am Auto kein Kühler ist, auf dem

T, G, P, V, Qu, Sch,
oder ein doppelter Konsonant
(wie Tr, Kr, usw.)

steht. Aber Vorsicht:

ST gilt als ein Konsonant

Auch alle ausländischen Wörter gehören zu den Ausnahmen. Das klingt alles ein bißchen kompliziert, weil
man die Ausnahmeregelungen auswendig lernen muß.
Aber es ist immerhin einfacher, als einzelne Wörter auswendig zu lernen. Hier ein paar Beispiele aus unserer
Wortliste:

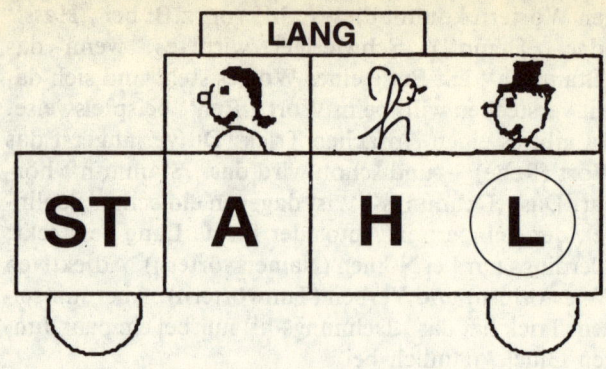

„Stahl" wird mit „Dehnungs-h" geschrieben, weil auf dem Rücksitz ein „l" sitzt und „St" als *ein* und nicht als doppelter Konsonant gilt.

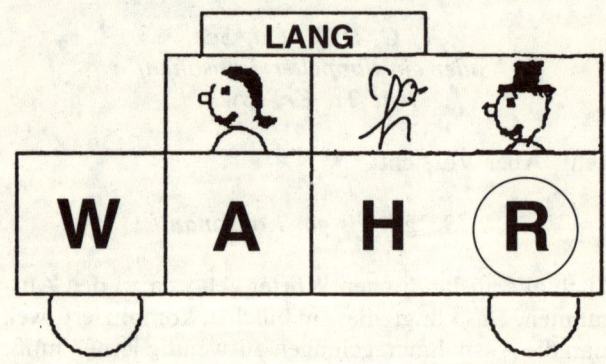

„Wahr" wird mit „Dehnungs-h" geschrieben, obwohl hinten zwar ebenfalls ein h-freundliches „r" sitzt, aber vorn der doppelte Konsonant als Kühler steht.

„Klar" wird ohne „Dehnungs-h" geschrieben, obwohl hinten zwar ebenfalls ein h-freundliches „r" sitzt, aber vorn der doppelte Konsonant als Kühler steht.

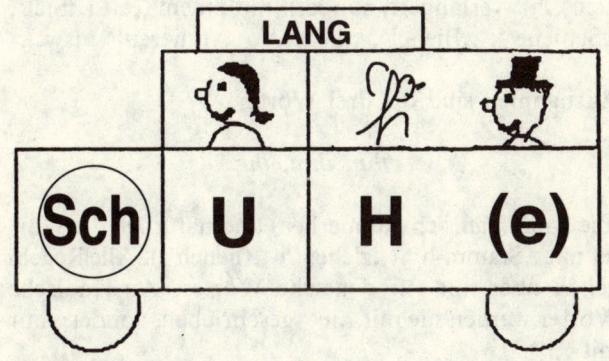

„Schuh" ist ganz einfach. Nimm die Mehrzahl (Schuhe) und Du kannst das „h" hören. Es ist also ein stimmhaftes „Stamm-h". Ist doch alles gar nicht so schwer, oder?

Jetzt gibt es aber die Ausnahmen mit den Doppelvokalen. Dazu zählt das Wort „Haar". Davon gibt es zum Glück nicht viele Wörter, sonst könnte man daran verzweifeln. Weil sie so selten sind, kannst Du Dir erlauben, sie im Diktat auch falsch zu schreiben, wenn

Du sie nicht auswendig gelernt hast. Wenn Du Dir nicht sicher bist, ob ein langgesprochenes Wort mit „h" oder mit doppeltem Vokal geschrieben wird, empfehlen wir Dir, es lieber mit einem „h" zu schreiben. Die Wahrscheinlichkeit ist wesentlich höher, ein „h" als einen doppelten Vokal in einem Wort zu haben. Im übrigen gibt es nur das doppelte „a, e, o", aber kein doppeltes „i, u, ä, ö und ü". Wörter mit doppelten Vokalen (die leider auswendig gelernt werden müssen) sind:

a: Saal, Staat, Saar, Aal, Paar, paar, Haar, Waage.

e: Seele, Idee, Heer, See, Teer, Tee, Meer, Fee, Schnee, Klee, Kaffee, Beere, Allee, Gelee.

o: Zoo, Boot, Moor.

Der Vokal „i" wird in der Regel übrigens nicht mit einem „h" verlängert, sondern mit einem „e" („Sie", „Schiene", „Biene", „liegen", „verlieren", usw.).

Ausnahmen sind die drei Wörter:

ihn, ihm, ihr

(die kann man sich gut merken) und natürlich die Wörter mit „Stamm-h" („ziehen", „fliehen"). Alle Regeln gelten aber nur für deutsche Wörter. Ausländische Wörter werden nie mit „ie" geschrieben, sondern nur mit „i".

Übe täglich ein paar Wörter. Vergiß nicht, sie vorher auszusprechen, damit Du weißt, ob sie kurz oder lang gesprochen werden. Du kannst in der Wohnung gezielt nach Gegenständen suchen und die Bezeichnungen aufschreiben. Geeignet sind auch Speisen, Spiele und Tätigkeiten. Wenn es Dir am Anfang schwerfällt, zeichne die beiden Autos, dann fällt Dir das Zuordnen leichter. Akzeptiere, daß Du zu den Menschen gehörst, die Wörter über Bilder lernen. Scheue Dich nicht, auch im Unterricht Deine Autozeichnungen zu verwenden.

Dumme Bemerkungen hören spätestens auf, wenn Du mit guten Noten überzeugst. Sprich mit Deinem Lehrer/Deiner Lehrerin über Deinen Trick. Wenn er oder sie aufgeschlossen genug ist, kann damit auch anderen rechtschreibschwachen Kindern und Jugendlichen geholfen werden. Bitte außerdem darum, im Klassenzimmer möglichst weit vorn und direkt vor der Tafel zu sitzen. Außerdem sollte ein verständnisvoller Lehrer einem rechtschreibschwachen Kind nach jeder Klassenarbeit ein paar Minuten Zeit zur Verfügung stellen, damit die Wörter nach diesen Regeln noch einmal in Ruhe nachkontrolliert werden können.

Puzzles oder ein Memory trainieren ebenso das Sprachgefühl wie Basteln, Klettern und sogar Kneten. Außerdem ist eine einfache gymnastische Übung sehr hilfreich:

Leg Dich auf den Boden, heb den linken Arm und das rechte Bein an, wieder senken und nun den rechten Arm und das linke Bein heben, usw.

Mit dieser Übung kannst Du die Verbindungen der beiden Gehirnhälften stärken.

Ganz wichtig: Freu Dich über Deine Erfolge, auch wenn sie noch so klein sind. Such Dir in jedem Diktat schwierige Wörter heraus, die Du richtig geschrieben hast. Leg Dir eine Wortliste mit den erfolgreich gelernten Wörtern an, damit Du sie nie wieder vergißt.

Freu Dich
über jeden
Erfolg!

Fehler zu machen ist keine Schande! Fehler sind bloß Hindernisse auf dem Weg zum Erfolg. Darum ist nur derjenige dumm, der seine Fehler nicht verbessert und nicht aus ihnen lernt!

Über den Umgang mit Büchern

Am Schluß des Kapitels, in dem Du hoffentlich ein paar brauchbare Tips fürs Lernen gefunden hast, muß ganz dringend noch etwas über Bücher und die Arbeit mit ihnen gesagt werden.

Zuerst etwas über Deine Handbibliothek — das sind alle Bücher, die Du ständig zum Arbeiten brauchst. Sie sollten unbedingt Dein Eigentum sein, weil Du sie täglich benutzt und mit ihnen nicht umgehen kannst wie mit rohen Eiern. Dazu gehören alle Deine Schulbücher, ein Rechtschreib-Duden, ein anständiges Lexikon (es gibt jetzt ausgezeichnete Taschenbuchausgaben), ein guter Atlas, jeweils ein großes Wörterbuch der Fremdsprache, die Du lernst, das größte, beste Spezialbuch, das Du über Dein Hobby auftreiben kannst (siehe Kapitel „Freude und Freunde durch ein Hobby") und nicht zu vergessen: dieses Buch.

Alle diese Bücher kannst Du Dir nach und nach schenken lassen oder von Deinem Taschengeld kaufen.

Über Deine Privatbibliothek braucht nicht viel gesagt zu werden, weil sie wahrscheinlich mehr oder weniger aus zufällig geschenkten Büchern entsteht. Aber vielleicht zwei Ratschläge, die Dir Geld sparen helfen:

1. Damit Onkel, Tanten und Omas nicht allzu großen Quatsch kaufen, der Dich überhaupt nicht interessiert, solltest Du immer eine Bücherwunschliste auf Lager haben; diese Liste hilft nicht nur Dir, sondern auch denen, die Dir etwas schenken wollen.
2. Kauf Dir nur solche Bücher, die Du schon gelesen hast und von denen Du meinst, daß Du sie immer wieder einmal lesen wirst oder zum Nachschlagen brauchen kannst. Alle anderen Bücher leih Dir aus!

Und damit sind wir schon beim dritten Stichwort: Leihbibliothek. Die Mitgliedschaft in einer guten Leihbibliothek ist das A und O für alle Bücherfreunde. Wahrscheinlich hast Du die Auswahl zwischen mehreren Bibliotheken. Erstens ist da Deine Schulbibliothek, die Du nach Strich und Faden ausnutzen solltest — weil sie dafür schließlich eingerichtet worden ist. Bücher, die Du gerne lesen möchtest und die nicht vorhanden sind, schlägst Du dem Bibliothekar zum Kauf vor. Zweitens gibt es in Deinem Ort wahrscheinlich eine Stadtbibliothek oder eine Außenstelle davon, bei der Du Dich unbedingt einschreiben mußt. Diese Büchereien sind gut geführt und Du bekommst für ganz wenig oder gar kein Geld die tollsten Bücher ausgeliehen — neueste Schmöker genauso wie die teuersten Bildbände. Wenn es eine große Bibliothek ist, macht es noch zusätzlich Spaß zu lernen, wie man im Katalogsaal und im Lesesaal arbeitet. Dort herrscht nämlich eine ganz besondere Atmosphäre, die jeden, der Bücher liebt, ganz süchtig macht.

Jetzt aber zum Lesen selber. Bücher — selbstverständlich nur die eigenen! — liest Du am besten mit einem weichen Bleistift. Du unterstreichst alles, was Dir neu ist, interessant, gut formuliert, witzig, seltsam oder bemerkenswert erscheint. Am Buchrand notierst Du Dir die Fragen, die Dir während des Lesens einfallen, Ähnlichkeiten zu anderen Büchern, die Du später daraufhin noch einmal lesen willst, oder auch Fehler, die Dir auffallen (siehe auch das Kapitel ,,Der Erfolg liegt in Deinen Händen'').

Das Lesen mit dem Bleistift hat den Vorteil, daß Du Dich besser konzentrierst und den Text nicht einfach verschlingst (und dann gleich wieder vergißt), sondern wirklich aufnimmst und behältst. Neue Wörter und Ausdrücke prägen sich Dir besser ein, und Du holst so aus dem Buch das Beste heraus.

Deine Eltern und Lehrer werden über das Lesen mit dem Bleistift nicht schimpfen, wenn Du ihnen erklärst,

- daß Du das nur mit Deinen eigenen Büchern machst,
- daß der weiche Bleistift leicht ausradiert werden kann,
- daß Du eine bestimmte Stelle schneller wiederfindest, wenn Du sie bezeichnet hast,
- daß Du vor Prüfungen die Bücher eines Faches nur noch nach Deinen Notizen und nicht noch mal von Anfang an lesen mußt,
- daß Du nach ein, zwei Jahren Deine geistigen Fortschritte selber feststellen kannst, weil Dich dann nämlich an demselben Buch ganz andere Dinge interessieren werden.

Zusammenfassung

Was kann und werde ich in den folgenden Fächern tun, um besser zu werden und um den behandelten Stoff für mich interessanter zu machen?

Fach: Deutsch

Vorschläge	Was ich tun werde
Bücher kaufen, leihen, schenken lassen, viel lesen (!), kleine Beiträge (z.B. für die Schülerzeitung) selbst schreiben, kurze Inhaltsangaben von interessanten Fernsehsendungen oder Kinofilmen machen, die zu einem Unterrichtsthema passen, in den Unterricht einbringen, eine/n Brieffreund/in suchen und regelmäßig korrespondieren, Geschichten und Gedichte laut lesen und auf Cassetten-Recorder aufnehmen (siehe Kap. über Muttersprache und Stimme, übe regelmäßig)	

Fach: Fremdsprachen

Vorschläge	Was ich tun werde
Brieffreund/in in England (Frankreich) suchen (frage in der Schule, wie man's macht), Texte Deiner Lieblingsgruppe/Deines Lieblingspopstars übersetzen, englische (französische Zeitschriften und Comics besorgen (gibt es an großen Bahnhöfen und Flughäfen) und öfter einen Absatz lesen und übersetzen (schreibe Dir schwierige Vokabeln in ein Heft), englische und amerikanische Sendungen im Fernsehen und Radio anschalten (Wörter, die Du nicht verstehst, auf ein Blatt Papier notieren und anschließend im Wörterbuch nachschlagen), vereinbare mit Freunden (Eltern, Geschwistern), 10 bis 20 Minuten ausschließlich in einer Fremdsprache miteinander zu reden, auch wenn es schwerfällt (die paar Minuten sind schnell vorbei, aber Du lernst dabei eine Menge!)	

Fach: Geschichte, Erdkunde, Politik

Vorschläge	Was ich tun werde
Spannende Bücher über die jeweilige Region, Zeit oder das Thema besorgen (frage in der Buchhandlung / der Bibliothek danach), wünsche Dir eine Weltkarte, verwende Stecknadeln, mit denen Du Regionen (Länder, Städte, Flüsse) markierst, die ihr gerade durchnehmt, besorge Dir Zeitschriften, Reiseberichte, Bilder und Artikel (gibt es auch in Leihbibliotheken), lies die Tageszeitung Deiner Eltern, kopiere Artikel heraus und markiere die wichtigsten Einzelheiten mit einem Markierstift, bringe Deine ,,Forschungsarbeit'' im Unterricht ein, pause Länder aus Deinem Atlas ab und ziehe alte Grenzen, setze alte Bezeichnungen, Namen und Jahreszahlen ein, vergleiche mit dem heutigen Stand.	

Fach: Mathematik, Physik, Chemie

Vorschläge	Was ich tun werde
Naturwissenschaften kann man oft in der Natur überprüfen (z.B. die Gesetze der Schwerkraft, der Oberflächenspannung, das Messen von Entfernungen), aber auch im Haushalt (Optik, Elektrik – aber vorsichtig: bitte nur mit Batterien experimentieren!), Du kannst Dir auch Bücher über berühmte Naturwissenschaftler besorgen, die gibt es zum Teil auch für Kinder und Jugendliche, sie sind dann leichter verständlich. Geometrie kann man sehr schön in Grafiken umsetzen, für Algebra kann man sich eine kleine Kartei mit den wichtigsten Formeln anlegen, wenn Du mit Chemie Probleme hast, frag Deinen Lehrer, ob er nachmittags ab und zu im Chemiesaal experimentiert (viele Lehrer tun das) und ob Du mal zuschauen und helfen kannst.	

Fach: Biologie

Vorschläge	Was ich tun werde
Zoos und botanische Gärten sind spannende Studienstätten mit viel Informationswert, es gibt auch sehr schöne Tierbücher für Schüler, auch der Wald oder selbst ein Stadtpark bieten viele Möglichkeiten zum Nachhaken und Vertiefen, erkundige Dich bei Naturschutzverbänden (z.B. über Informationsmaterial, Broschüren oder einen Lehrpfad in der Nähe Deiner Stadt), ein Urlaub am Meer oder im Gebirge kann ebenfalls genutzt werden, zum Thema „Mensch" gibt es unzählige Bücher und Bildbände in jeder Bücherei, auch ein Gesundheitsratgeber im Bücherregal Deiner Eltern enthält viele nützliche Informationen	

Kapitel 5:
„Wann soll ich das bloß alles tun?"

Organisation und Zeiteinteilung

„Ich habe keine Zeit!" Diesen Satz hören wir alle x-mal am Tag, und die meisten von uns sprechen ihn auch ganz gedankenlos aus. Oft dient er nur als einfache Ausrede, weil wir für etwas Bestimmtes oder jemand Bestimmten keine Zeit haben *wollen*. Manchmal ist er aber auch — und das ist schlimmer — eine Entschuldigung vor uns selbst, mit der wir unsere Bequemlichkeit und Trägheit bemänteln, um etwas nicht tun zu müssen, von dem wir genau wissen, daß wir es tun sollten. Nun gibt es allerdings Leute, die wirklich nie Zeit haben, und zwar nicht so sehr, weil sie überbeschäftigt wären, sondern weil sie planlos, ohne System und Übersicht ihre Zeit vergeuden. Sie geben jedem momentanen Einfall sofort nach, beginnen hundert Sachen, von denen sie nach kurzer Zeit merken, daß sie sie nicht rechtzeitig schaffen, und fangen schnell etwas Neues an, das schon längst hätte gemacht sein müssen, nun aber auch nicht fertig wird: ein Chaos von Verspätungen, nicht gehaltenen Versprechungen, halbgelesenen Büchern und verpaßten Gelegenheiten ist die Folge.

Viele von diesen „Zeitlosen" sind auf ihr Durcheinander auch noch stolz und halten alle, die verläßlich und planvoll organisieren und arbeiten, für arme Irre und langweilige Spießer. Aber im Gegenteil: Der Satz „Ich habe keine Zeit!" ist ein sicheres Zeichen dafür, daß Du nicht okay bist. Denn in dem Augenblick, in dem Du für Dich selbst, für Deine Übungen und Studien, für Deine Entspannung und Dein Training, für Weiterbildung und Körperpflege „keine Zeit" mehr hast, wenn Du Deine Freunde sitzenläßt und sich niemand auf Dich verlassen kann, werden auch andere keine Zeit mehr für Dich haben — oder nur dann, wenn sie etwas von Dir wollen.

Um okay zu sein, ist es wichtig, den Satz „Ich habe keine Zeit!" immer nur mit Einschränkungen zu verwenden. Richtig muß er heißen: „Ich habe zwar im Moment gerade etwas anderes vor, aber nachher (morgen oder am Freitag) habe ich Zeit!" Zeit zu haben ist eine Frage der Einteilung und Organisation. Je mehr Du zu tun hast, desto wichtiger sind für Dich Notizblock und Kalender, denn das A und O richtiger Organisation heißt: vorplanen, ordnen, Punkt für Punkt verwirklichen.

Planen, ordnen, verwirklichen.

Nehmen wir als Organisationsbeispiel Deine nächste Gartenparty. Damit sie reibungslos ablaufen kann, mußt Du vorausdenken und Dich um jede Kleinigkeit selber kümmern. Zuerst notierst Du Dir alle Fragen, die Dir einfallen:

- Wann ist der günstigste Termin für eine Party?
- Wer soll alles kommen?
- Wer soll mit wem zusammensitzen?
- Was sagen die Nachbarn, Eltern, die Polizei?
- Was soll angeboten werden: zum Essen, zum Trinken, zur Unterhaltung?
- Sind genügend Sitzgelegenheiten vorhanden?
- Wer kümmert sich um die Tanzmusik?
- Wer dekoriert mit?
- Wer kocht mit?
- Wer schenkt ein?
- Wer macht Spiele?
- Wer räumt später mit mir auf?
- Wieviel kostet der Spaß?

Wenn Du auf alle diese Fragen (und auf die anderen, die Dir noch zusätzlich einfallen) eine Antwort weißt, kannst Du Dir einen Plan machen, nach dem Du Schritt für Schritt jedes Problem einzeln löst:

Auf Unwichtiges verzichten!

1. Geldbeschaffung, 2. Gästeliste, 3. Bestimmung des Datums, 4. rechtzeitig Einladungen verschicken, 5. Nachbarn verständigen („Am 22. wird es in unserem

Garten ziemlich laut werden. Bitte habt Geduld und ruft nicht gleich die Polizei!") usw. Wenn Du alles pünktlich fertig bekommst, ohne selber total erschöpft zu sein (was nützt schließlich die schönste Party, wenn der Gastgeber nach zehn Minuten einschläft), hast Du gut organisiert.

Und so wie diese Party kannst Du alles und jedes — sogar Dich selber — organisieren. Das „Geheimnis" ist nur, die richtigen Fragen zu stellen, Wichtiges von Unwichtigem unterscheiden zu können und auf Unwichtiges zu verzichten.

Der preußische General Moltke soll einmal zu seinen Offizieren gesagt haben: „Der Tag, meine Herren, hat vierundzwanzig Stunden. Wenn Ihnen das nicht reicht, nehmen Sie die Nacht zu Hilfe!"

Das klingt zwar recht witzig, ist aber ziemlich blöd! Bitte, nimm niemals die Nacht zu Hilfe, denn erstens bist Du kein preußischer Offizier, und zweitens brauchst Du Deinen Schlaf. Wenn wir uns hier mit Organisation, Planung und Zeiteinteilung beschäftigen, wollen wir ja nur erreichen, daß Du mehr freie Zeit für Dich hast, für Deine Freunde, für Sachen, die Dir Spaß machen.

Bei vernünftiger Organisation ist es völlig überflüssig, die Nacht zu Hilfe zu nehmen, um allen Verpflichtungen nachzukommen. Und falls Du Dich beim Lesen dieses Buches inzwischen einmal verzweifelt gefragt haben solltest: „Wann soll ich das bloß alles tun?", dann hast Du wahrscheinlich das erste Kapitel („Etwas über dieses Buch") nicht richtig durchgelesen. Schau bitte dort noch einmal nach, was wir Dir über das Inhaltsverzeichnis gesagt haben. Du kannst daraus auswählen wie aus einer Speisekarte.

Die Tips und Anregungen für dieses Buch sollst Du beileibe nicht alle auf einmal befolgen, sondern nur die, die Du im Moment gebrauchen kannst und die praktisch und nützlich für Dich sind. Bau sie in Deinen Tagesplan ein, aber fang nicht zuviel Neues an.

Bevor wir Dir anschließend zeigen, wie so ein Tagesplan aussehen kann, hier noch ein Tip für das Zeit- und Kraftsparen:

Schweigen speichert Kraft!

- Morgens vor der Schule und nachmittags während der Schularbeiten solltest Du möglichst wenig sprechen.
- Warum? – Sprechen, besonders Quasseln, verbraucht Nervenkraft, also die Kraft, die Du benötigst, um Dich zu konzentrieren. Schweigen speichert diese Kraft. Versuch es mal!
- Das heißt natürlich nicht, daß Du als Morgenmuffel rumlaufen sollst. Freundlich grüßen kannst Du schon. Aber eben nicht quatschen. Steh während der Schularbeiten auch nicht immer auf, um mit Deiner Familie zu reden. Wenn Du unbedingt einmal sprechen mußt, dann lies Dir das Plakat über Deinem Arbeitsplatz laut vor (Kap. ,,Konzentration'').

Muster für einen Tagesplan

Knoble einmal einen Abend lang Deinen ganz persönlichen Tagesplan aus. Zur Anregung geben wir Dir hier ein Muster, das sich bei vielen unserer Kursteilnehmer sehr bewährt hat. Am Anfang darfst Du es Dir noch leichtmachen. Aber alles, was Du Dir vornimmst, mußt Du auch wirklich durchführen.

Verteidige Deinen Plan gegen andere und gegen Dich selbst. Die ersten drei Wochen sind am schwersten, danach geht er Dir in Fleisch und Blut über.

Wenn alle Übungen tadellos und leicht klappen – etwa nach drei bis vier Monaten – , kannst Du neue Programmpunkte in den Plan aufnehmen. Aber verändere immer nur ein bißchen.

Selbstvertrauen durch Selbstüberwindung!

Inzwischen kennst Du Dich schon gut und weißt, wo Du weiterarbeiten sollst. Der Anfang erfordert Selbstüberwindung. Daraus ergibt sich Selbstvertrauen. Selbstvertrauen aber ist das Wichtigste für den Erfolg.

Mein persönlicher Tagesplan

6.40 Uhr	Nach dem Aufwachen sofort aus dem Bett. 2 – 3mal Sonnengruß (Abschnitt ,,Der Sonnengruß'') Duschen. Gemütlich frühstücken. Wenig sprechen !
Schule:	*Haltung* beachten! (Abschnitt ,,Halt dich gerade, Junge!'')
13.00	Nach dem Mittagessen: 20 Minuten Tiefenentspannung (Abschnitt ,,Entspannungstechnik'') Dann recken, gähnen und laut sagen: ,,Ich freue mich, daß ich lebe!'' 5mal konzentrierte Atemübung: aeiou (macht munter!) Abschnitt ,,Deine Stimme – die hörbare Visitenkarte'' 3mal laut vor dem Spiegel: Deine aktuelle Programmierung (Abschnitt ,,Beeinflusse Dich selbst'')
15.00 – 17.00 Uhr	Schularbeiten (Abschnitt ,,Arbeitsplatz, Werkzeug, Zeit'' und ,,Konzentration'') ohne zu sprechen, ohne Störungen. Kein Telefon!
Abends:	10 Körperübungen, besonders für gute Haltung, zum Schluß eine Balanceübung (Baum). (Abschnitt ,,Körperübungen für gute Haltung'')
Vor dem Schlafen:	Was ist morgen das Wichtigste? 20 Vokabeln oder schwierige Wörter laut lesen. Kettchen mit Deiner Spezialbeeinflussung (Abschnitt ,,Beeinflusse Dich selbst!''), Tiefenatmung (Abschnitt ,,Blutatmung'') Lächelnd einschlafen.
Den ganzen Tag:	*Haltung!*

Kapitel 6:
Vom richtigen Umgang mit Menschen

Jeder Mensch ist anders — alle Menschen sind gleich

Auch Du bist einzigartig! Wie jeder Mensch!

Kein Mensch ist wie der andere — jeder ist einzigartig. Du zum Beispiel! Jemanden wie Dich hat es noch nie gegeben, niemand ist so wie Du, und niemals wird wieder jemand so sein, wie Du bist. Darum ist Dein Leben, sind Deine Gedanken und Ideen kostbar und unersetzlich! Was Du für die Welt und die Menschen tun kannst, kann kein anderer leisten. Das gilt natürlich für jeden Menschen — darin sind sich alle gleich.

Alle Menschen wollen geliebt und akzeptiert werden.

Und noch etwas haben alle gemeinsam, egal, ob sie schwarz oder gelb sind, ob Protestanten, Juden oder Katholiken, Männer oder Frauen, ob sie schön oder häßlich, Hippies oder brave Bürger sind: den Wunsch nach Freundlichkeit und Liebe, nach Verständnis, Zuneigung und Wohlwollen.

Der richtige Umgang mit anderen — wir wollen ihn Mitmenschlichkeit nennen — ist also die Kunst, jedem seine Eigenart zu lassen — seinen Willen, seinen Glauben, seine Meinung — und ihn doch als Gleichen zu behandeln. Das hört sich nicht nur schwierig an, es ist — wie sich Bertold Brecht einmal ausgedrückt hat — ,,das Einfache, das so schwer zu machen ist''.

Wir wollen Dir auf den folgenden Seiten ein paar Tips und Hilfestellungen mit mitmenschlichem Verhalten geben — nicht nur, weil unsere Erde ein viel schönerer Ort wäre, wenn sich alle so verhielten, sondern auch aus ganz egoistischen Gründen: Du wirst Freundlichkeit und Zuwendung von anderen nur erhalten, wenn Du sie selbst gibst. Darum heißt es wieder einmal: Fang bei Dir selber an!

Fang bei Dir selber an!

Die Bibel, die – ob Du es glaubst oder nicht – ein
wunderbares Buch ist, hat für Mitmenschlichkeit das
berühmte Gebot gefunden: ,,Liebe Deinen Nächsten
wie Dich selbst." Wenn Du darüber einen kleinen Moment nachdenkst, heißt das überraschenderweise zunächst einmal, daß Du Dich selber lieben mußt, um andere lieben zu können. Wie kannst Du erwarten, daß
ein anderer von Dir gemocht werden will, wenn Du
Dich selbst nicht ausstehen kannst und alle Welt mit
Deiner miesen Laune anödest?

Nur wer sich
selbst liebt,
kann andere
lieben.

Lern Dich kennen! Überwinde Deine Minderwertig-
keitsgefühle und versuch, Dich okay zu finden. Schau
einmal in den Spiegel. Rein äußerlich kannst Du nur
wenig an Dir ändern. Du kannst zwar schlanker werden oder dicker und sicher noch ein bißchen länger; Du
kannst auch – wenn Du ein Mädchen bist – alle möglichen kosmetischen Korrekturen an Dir vornehmen
oder zum Hausarzt gehen, damit er etwas gegen Deine
Akne-Pickel unternimmt (das sollten übrigens auch die
Jungen tun), ansonsten mußt Du aber mindestens ein
halbes Jahrhundert mit Deiner Figur herumlaufen –
und es ist schade um jede Minute, in der Du Dich darüber kränkst, daß Du zu groß oder zu klein oder nicht
schön genug bist. Du möchtest aussehen wie ein Filmstar oder ein berühmtes Model? – Warum bloß? Jeder Grashalm unterscheidet sich vom anderen, keine
Schneeflocke gleicht einer zweiten – warum möchtest
gerade Du wie Dutzend andere aussehen? Wie soll man
Dich erkennen, wenn nicht an Deinem Gesicht, Deiner Stimme, der Figur, Deinem Gang? Wer soll Dich
lieben, wenn Du (fast) so aussiehst wie XYZ? (Dann
hat man nämlich XYZ gern und nimmt Dich als Ersatz dafür.)

Sei, wie Du
bist!

Schau noch mal in den ersten Abschnitt dieses Kapitels. Jetzt begreifst Du vielleicht, daß es eine Riesen-
chance ist, so zu sein, wie Du bist. Und falls Du Dich
darüber ärgerst, daß Du nicht gut genug aussiehst, dann

mach Dir klar, daß es sogenannte schöne Mädchen (von schönen Männern wollen wir hier gar nicht reden!) viel schwerer im Leben haben. Sie sind schon als Kinder daran gewöhnt, bewundert zu werden, und glauben später oft, Anstrengung und Leistung nicht nötig zu haben. Jede Falte wird im Alter für sie zu einem Problem.

Nimm als Beispiel eine Frau wie Edith Piaf. Hast Du schon einmal eine Platte von ihr gehört? Das solltest Du unbedingt. Edith Piaf stammte aus den Slums von Paris, aus allerärmsten Verhältnissen. Sie war ein uneheliches Kind, häßlich, klein, schlecht gekleidet und sehr oft krank, aber mit ihrer wundervollen Stimme und ihrem kollegialen, mitmenschlichen Wesen (durch ihre Hilfe wurde eine ganze Reihe junger Musiker berühmt, und das viele Geld, das sie verdiente, gab sie bedenkenlos für andere aus) wurde sie ein geliebter und bewunderter Weltstar, der in ganz Frankreich zärtlich ,,Spatz von Paris'' genannt wurde.

Lieber selbstbewußt als hübsch und langweilig!

Als Edith Piaf starb, trauerten rund um den Globus Millionen Menschen um sie. — Was ist dagegen eine hübsch geschminkte Larve, die Dich von der Titelseite einer Zeitschrift anglotzt? — Möglicherweise schön — aber bestimmt langweilig und völlig bedeutungslos! Hör also sofort auf, Dich immer mit anderen zu vergleichen und Dir langweilig und uninteressant vorzukommen. Durch dieses alberne Vergleichen entstehen Minderwertigkeitskomplexe, und die sind nun wirklich das letzte, was Du gebrauchen kannst. Was Du brauchst, ist Selbstbewußtsein. Lies darum im Kapitel zwei in diesem Buch, was Du über das Thema wissen mußt. Also, Kopf hoch! Rücken straff! Schluß mit dem Trauerweidenlook!

Dazu ein Tip:

Wenn Du morgens oder abends ohnehin vor dem Spiegel stehst, schau Dich an und sage jedesmal deutlich und klar:

Zu einer positiven Persönlichkeit wachsen!

,,In meinem Inneren wachse ich immer mehr zu einer positiven Persönlichkeit heran. Ich fühle deutlich, wie ich immer mehr Macht über mich

164

gewinne, wie ich immer beherrschter, immer ausgeglichener, immer heiterer, immer harmonischer werde. Meine Nerven gehorchen mir. Mein Denken löst sich von allen Hemmungen und entfaltet sich zu ungeahnter Leistungsfähigkeit.‘‘

Diese Formel der Selbstsuggestion (mehr darüber findest Du im Abschnitt ,,Beeinflusse Dich selbst!‘‘) wendest Du mindestens ein halbes Jahr lang an. Am besten lernst Du sie auswendig. Falls Dir das aber zu mühselig ist, schreibst Du sie einfach ab (eine prima Schönschriftübung) und hängst sie neben dem Spiegel im Badezimmer auf. Nach diesen sechs Monaten bist Du kaum wiederzuerkennen. Deine Haltung ist locker und aufrecht. Du kannst den Leuten in die Augen sehen. Regenwetter und schlechte Laune anderer machen Dir nichts mehr aus. Eventuelle Hänseleien Deiner Klassenkameraden lassen Dich kalt. Sie haben damit wahrscheinlich auch längst aufgehört, denn seit Du Dich nicht mehr darüber ärgerst, sind Dein zu kleiner Wuchs, Dein dicker Po oder Deine dünnen Beine (was immer es auch sein mag) uninteressant geworden, kurz: Dein Blick strahlt. Du bist beliebter, und mancher fragt sich, ob Du vielleicht verliebt bist. Das kannst Du ruhig bejahen. Denn Du bist es ja wirklich. Verliebt in Dein Leben, die Zufriedenheit mit Dir, obwohl Dir bewußt ist, daß Du noch viel an Dir tun mußt, denn Du hast natürlich längst begriffen, daß Selbstbewußtsein und sich okay finden überhaupt nichts mit Selbstüberschätzung zu tun haben. Selbstüberschätzung heißt: ,,Ich hab's nicht nötig! Ich bin tausendmal besser als die anderen.‘‘ Aber das (Du weißt es genau) bist Du nicht! Du hast noch eine Menge an Dir zu schleifen und zu polieren. (Denke an den Vergleich mit dem Rohdiamanten im Kap. ,,Dein Bild von Dir selbst‘‘.) Was Du an äußerlichen Dingen nicht ändern kannst, mußt Du durch Wissen und Klugheit, durch Freundlichkeit und Liebenswürdigkeit, durch Hilfsbereitschaft und Interesse für andere, durch eine Prise Selbstironie und

Verliebe
Dich – in
Dein Leben

Selbsthumor wettmachen. (Lach manchmal über Dich selber. Lach ruhig mit, wenn andere Grund haben, über Dich zu lachen.) Das alles mußt Du lernen und üben. Sei okay! Finde auch andere okay! Dieses Buch hilft Dir.

Ich lerne, mich zu mögen

Was gefällt mir an meinem Verhalten?	Was gefällt mir an meinem Aussehen?	Was macht mich fröhlich? Was finde ich lustig?

Sammle ein paar Stichpunkte zu jeder Rubrik. Du wirst staunen, wieviel Positives zusammenkommt, auch wenn Du Dich bisher fast immer nur negativ gesehen hast. Besonders Mädchen finden sich oft häßlich. Das kommt, weil sie immer nur auf das achten, was weniger schön ist. Aber jeder Mensch hat auch etwas Schönes. Du findest, daß Deine Beine zu dick sind? Na und — dafür hast Du tolle Haare, einen schönen Mund oder große, strahlende Augen. Vergiß die Beine (Tip: Jogging macht schlanke Beine), und schau Dir die Liste an, mit allem, was positiv und schön an Dir ist. Beschäftige Dich mit den Dingen, die Dich fröhlich machen, nicht mit dem, was Dich trübsinnig macht. Mach Dir Deine starken Seiten bewußt und fördere sie. Du bist okay, vergiß das nicht!

Wenn Du mit Erwachsenen nicht klarkommst

Wahrscheinlich hast Du schon einmal das Gefühl gehabt, ungerecht behandelt worden zu sein oder für die schlechte Laune Deiner Eltern als Prügelknabe hergehalten zu haben. Das hat Dich geärgert und verdrossen, es hat Dich traurig gemacht, und wenn es ganz schlimm war, bist Du vielleicht sogar gehemmt und schüchtern geworden. Hemmungen, Schüchternheit, Lampenfieber – ja sogar Stottern, Zittern, Nägelkauen, Alpträume, Angstzustände, Schwitzen und Bauchweh entstehen in Dir, weil andere nicht richtig mit Dir umgegangen sind, weil sie zuwenig Zeit, Geduld und Einfühlungsvermögen für Dich erübrigten oder weil sie eine andere Meinung hatten, die sie Dir unbedingt aufzwingen wollten. Es ist sehr dumm und unüberlegt, wenn Erwachsene sich so benehmen, daß sich Kinder und junge Leute in ihrer Haut nicht wohl fühlen. Das Unterbewußtsein reagiert auf solche – manchmal gar nicht böse gemeinten – Lieblosigkeiten mit den sonderbarsten Tricks: Es will damit auf einen Mangel an Liebe und Fürsorge aufmerksam machen. Den Erwachsenen geht das natürlich auf die Nerven, und wenn sie sich nicht mehr auskennen, hagelt es Geschimpfe, Sticheleien, Spott und vielleicht sogar Strafen. Selbst wenn sie Dir nicht so direkt sagen, was sie an Dir stört, erkennst Du auch ohne Worte an ihrem Verhalten und Benehmen, an ihren eisigen Mienen, verkrampften Gesichtern, an ihren abfälligen Handbewegungen und ihrem beschämten Wegguken, was sie von Dir halten.

Es ist wirklich schlimm, wenn Erwachsene nicht erwachsen genug sind, um solche Fehler im Umgang mit Jüngeren zu vermeiden. Bestimmt ist es für Dich und Deine Altersgenossen manchmal recht schwer, mit ihnen zurechtzukommen. – Aber erinnerst Du Dich noch an das, was wir für den Umgang mit Lehrern empfohlen haben? Das gilt auch für Deine Eltern und die anderen Erwachsenen, mit denen Du zu tun hast. Ver-

suche gelegentlich, „in ihre Haut zu schlüpfen" und
Dir einen Moment lang den Druck und die Belastungen vorzustellen, denen sie Tag für Tag ausgesetzt sind:

- Sie müssen hart arbeiten, um ihre Familie durchzubringen, und sind abends, wenn sie nach Hause kommen, todmüde und erschöpft.
- Das Geld, das sie verdienen, reicht oft hinten und vorne nicht, und es ist ein ziemliches Problem, Essen, Kleidung, Miete, Auto, Ferien, usw. zu finanzieren.
- Vielleicht ist ihr Arbeitsplatz in Gefahr und sie machen sich Sorgen darüber, wie es weitergehen soll, wenn sie ihn verlieren.

Wie man mit Ungerechtigkeiten umgeht

Da genügt dann oft ein Funken, zum Beispiel eine verhauene Mathematikarbeit, die Du zur Unterschrift vorlegst, um das Pulverfaß zur Explosion zu bringen. Sie werden wütend, weil sie finden, daß jemand, für den sie sich den ganzen Tag abschuften, die verdammte Pflicht und Schuldigkeit hat, gute Mathearbeiten zu schreiben. (Das ist natürlich Blödsinn, aber — mal ganz ehrlich — bist Du immer logisch und gerecht, wenn Du Dich ärgerst?)

Doch zur Sache! Was kannst Du machen, wenn sich Deine Eltern oder andere Erwachsene Dir gegenüber falsch verhalten?

Erst einmal stell die Ohren auf Durchzug und vergiß die Schimpfe einfach! Sei unbeschwert und laß Dich von den bösen Worten und dem scharfen Ton nicht verletzen! Denk dran: Du bist jünger und hast die besseren Nerven. Natürlich sollst Du Dich über schlechte Zensuren und berechtigte Ermahnungen nicht einfach hinwegsetzen, aber das Geschimpfe darfst Du vergessen, sonst belastet es Deine Seele und richtet dort mehr Schaden an, als eine Fünf in Deutsch es je könnte. Geh zu Deiner Mutter — aber erst, wenn sie ausgeschimpft und sich etwas entspannt hat — und nimm sie in die Arme. Bitte sie, Dir zu helfen — und laß Dir auch helfen.

Tu den ersten Schritt!

Was, Du kannst niemanden in die Arme nehmen, über den Du Dich geärgert hast? *Doch. Du kannst!* Überwinde Dich! Tu den ersten Schritt! Keine Mutter, kein Vater können böse und zornig bleiben, wenn sie lieb umarmt werden. Dann schmelzen sie — denn gelegentlich schimpfen sie ja, weil sie Dich lieben. Ober würden sie sich ärgern, wenn Du ihnen gleichgültig wärst? Ärgern sie sich etwa über die Fehler fremder Kinder? — Du siehst, Liebe kann manchmal komisch verpackt sein!

Wenn Dein Vater nach Hause kommt und Dich aus heiterem Himmel anmosert, dann heul nicht und spiel nicht die beleidigte Leberwurst. Sei auch nicht frech und gib ihm keine dummen Antworten, sondern warte eine halbe Stunde, bis er sich erholt hat, und dann sag ihm ruhig und freundlich, daß es Dich ärgert, wenn er Dich grundlos anmuffelt. Bitte ihn, Dir zu erzählen, wie sein Tag heute war und was ihn geärgert hat. Es könnte zwar sein, daß er der Meinung ist, Du solltest Dich um Deinen eigenen Kram kümmern, aber bitte ihn, Dir trotzdem alles zu erzählen. Vielleicht werden Dir dann die Augen aufgehen. Du siehst den Berg Arbeit, den Dein Vater jeden Tag wegschaffen muß, den miesen Chef, mit dem er sich herumquält, und wirst bemerken, daß seine schlechte Laune von vorhin mit Dir gar nichts zu tun hatte. Und Dein Vater lernt hoffentlich aus diesem Gespräch, daß er Dich nicht als Blitzableiter für seine Aggressionen benutzen darf.

Die beiden Beispiele, die wir jetzt gegeben haben, kannst Du auch auf andere Situationen und Personen übertragen.

Bitte, beantworte Aggressionen niemals mit Aggressivität!

Nie aggressiv auf Aggressionen reagieren!

Das führt zum Krach, und im Umgang mit Erwachsenen ziehst Du in einer solchen Auseinandersetzung immer den kürzeren. Bleib sachlich! Laß Dich nicht ärgern! Versuch, freundlich zu bleiben und sogar zu lächeln, wenn Du kannst. Das ist zwar ungeheuer schwer, hat aber eine verblüffende Wirkung. In einer Sprachschule drückten wir einmal die Schulbank mit einer jungen Thailänderin, die stark lispelte. Beim ersten Lesetest wurde sie von der gehässigen, streitsüchtigen Lehrerin angepfiffen und ausgeschimpft. Das Mädchen bedankte sich sehr höflich mit vielen Verbeugungen (denen nicht die kleinste Spur von Ironie anzumerken war) für das Gezeter, als hätte es soeben ein kostbares Geschenk empfangen. Beim zweiten Mal knurrte die Lehrerin zwar noch, schaute aber schnell weg, als die kleine Thailänderin sie offenherzig anlächelte. Beim dritten Mal korrigierte die Lehrerin nur noch sachliche Fehler und verbat sich, daß man sich immer bei ihr bedanke. Sie täte schließlich nur ihre Pflicht. Das Lispeln erwähnte sie nicht mehr.

Das Herz dieser einsamen, etwas schrulligen Dame wurde weich, weil es Freundlichkeit erfahren hatte. Von da an blieb sie, die wegen ihrer Zornesausbrüche in der ganzen Schule gefürchtet wurde, sachlich und gerecht zu uns allen. Die gesamte Klasse profitierte vom liebenswürdigen Einfühlungsvermögen der klugen Thailänderin.

Lächeln ist eine Macht! Schau die Erwachsenen, die Dich ausschimpfen, mit Deinem nettesten Gesicht an. Lach sie an! Nicht grinsen! Lachen! Entschuldige Dich höflich, wenn Du einen Fehler gemacht hast. Gib klein bei. Laß Dein Gesicht wie die Sonne strahlen. Der Mensch, der dann nicht zugänglicher und sanftmütiger wird, muß erst noch geboren werden.

Wir haben eine Formel, die Dir dabei hilft und Deine ganze Persönlichkeit von innen her zum Strahlen bringt:

> ,,Ich atme Sonnenkraft ein!
> Ich strahle wie die Sonne!"

Nimm Dein Kettchen, und sprich diese Formel so oft wie möglich. Wie das funktioniert, weißt Du ja bereits. Wenn nicht – lies bitte noch einmal das Kapitel ,,Beeinflusse Dich selbst".

Wohin mit der Wut?

Nun wirst Du vielleicht denken: Lieber Himmel, die wollen mich zu 'nem Säulenheiligen machen, der unentwegt lächelt und jede Beleidigung einsteckt. Keine Sorge, das wollen wir natürlich nicht! Natürlich mußt Du Deine Wut und Deinen Ärger, also Deine Aggressionen, an irgend etwas auslassen. Sie müssen raus aus Dir, sonst bekommst Du Magengeschwüre oder irgendwelche anderen Krankheiten. Aber such Dir dafür keinen lebenden Blitzableiter aus — keinen Erwachsenen, niemanden aus Deiner Klasse, und auch euer Hund oder eure Katze sind zu schade. Außerordentlich geeignet hingegen sind Punching-, Medizin- und Fußbälle sowie jedes andere stabile Sportgerät. Geh in den Wald und schrei aus Leibeskräften die Bäume oder den Wind an. Box in Deine Kissen oder verprügel Dein Oberbett, dreh die Stereoanlage auf und sing aus Leibeskräften mit. Hack Holz oder schwimm einen Kilometer. Du wirst schon Deine ganz persönliche Note finden und Deine eigene Methode entwickeln. Und nachher machst Du Deine Entspannungsübungen (Kapitel „Dein Körper — Entspannungstechnik bis Meditation")

Laß auch mal so richtig Deine Wut raus!

und fühlst Dich herrlich erleichtert und okay. Die Welt ist wieder in Ordnung! Darum wollen wir uns gleich über ein anderes unerfreuliches Thema unterhalten, nämlich über Leute, die Du nicht magst und die Dich nicht mögen.

„Feinde" kannst Du Dir nicht leisten!

Niemand kann das! Aber trotzdem kann es natürlich immer Leute geben, die Du nicht ausstehen kannst oder die Dich nicht mögen oder die Du Dir unbeabsichtigt zu Gegnern gemacht hast — vielleicht weil Du auf irgendeinem Gebiet in Konkurrenz zu ihnen getreten bist oder sie durch eine unbedachte Äußerung gekränkt hast. Irgendwie mußt Du auch mit ihnen leben und klarkommen. Zunächst einmal: Spiegele Dir und anderen nicht Gefühle vor, die Du nicht empfindest. Das hast Du nicht nötig, und es ist auch viel zu anstrengend. Sei aber auch keiner von diesen unangenehmen Wahrheitsfanatikern, die jedem — ungefragt — Grobheiten ins Gesicht sagen und niemals mit einer negativen Meinung zurückhalten. Geh mit Klassen- oder Vereinskameraden, die Du nicht magst, höflich und (wenigstens einigermaßen) freundlich um. Verzichte ganz bewußt darauf, ihnen Streiche zu spielen, sie zu hänseln oder hereinzulegen. Daraus könnte im Handumdrehen eine echte Feindschaft entstehen, die nur schwer unter Kontrolle zu halten und außerdem völlig überflüssig ist. So was kostet Zeit, Kraft und Nerven — und alle haben Schaden davon.

Wenn Du selbst irgendwann und irgendwo der Gehänselte und Geärgerte bist, prüf zuerst, ob das Ganze nicht eher eine harmlose, gutmütige Hohnepipelei ist. Wenn ja — nimm nicht alles krumm und lach mit! Ist es aber bitterernst und böse gemeint, gibt es nur ein Mittel: Bitte, laß Dir niemals anmerken, wie sehr Du Dich kränkst. Sag Dir immer wieder, daß Dir Deine Angreifer innerlich viel zuwenig bedeuten, als daß Du ihnen erlauben würdest, ihr Gift an Dir wirken zu lassen. Bleib auch äußerlich möglichst kühl! (Laß Deine Gesichtszüge nicht „entgleisen". Lach oder zeig wenigstens ein gleichgültiges Gesicht. Das kannst Du vor dem Spiegel üben!) Du hast die besseren Nerven. Du bist überlegen! Geschimpfe, ungerechte Beschuldigungen, Sticheleien und Herausforderungen hören von

Leb auch mit Deinen Feinden!

Du bist überlegen!

selbst auf, wenn die Angreifer sehen, daß Du völlig un-
gerührt bleibst. (Zu Hause kannst Du Deine Wut ja im
stillen Kämmerlein noch abreagieren, falls das in diesem Fall nötig sein sollte!)

Es gibt übrigens eine recht listige Methode, Leute,
die Dich nicht leiden können, „umzudrehen" und für
Dich zu gewinnen. Dazu brauchst Du allerdings ein bißchen Fingerspitzengefühl und darfst selber gegen die
Leute nichts haben. Also, die Abneigung darf nicht gegenseitig sein.

Der heiße Tip heißt: „Feinde"-Party.

Lade alle aus Deiner Klasse oder Deinem Sportver-
ein, von denen Du deutlich das Gefühl hast, daß sie
was gegen Dich haben, zu dieser Party ein. Bereite das
Fest besonders sorgfältig vor. Sei ein fröhlicher, auf-
geschlossener Gastgeber. Denk Dir Spiele und Unter-
haltungsmöglichkeiten aus, bei denen Deine Gäste ganz
groß rauskommen können. Halte Dich zurück und spiel
nicht selbst den Superstar. Laß Deinen Gästen in allem den Vortritt. Versuch, mit einzelnen ins Gespräch
zu kommen. Red nicht selber die ganze Zeit, sondern
höre auch mal zu. Die meisten Deiner „Feinde" werden überrascht feststellen, daß Du eigentlich ein ganz
netter Typ bist, und Du selbst wirst Dich bei diesem
Fest prima unterhalten. – Deine „Feinde"-Party ist
schon oft ausprobiert worden und wird auch bei Dir
ein voller Erfolg werden, wenn Du das bereits erwähnte
Fingerspitzengefühl beweist. Alles – schon die Einla-
dung – muß sehr zufällig und improvisiert aussehen
(darum ist die gründliche Vorbereitung so wichtig), damit niemand den Eindruck bekommt, Du wolltest Dich
aufdrängen. (Willst Du ja auch nicht!) Nach dieser
Party wirst Du sehen, wieviel neue Freunde Du plötzlich hast. Dafür lohnt sich doch eine kleine Kriegslist –
oder?

Geheimtip:
eine
„Feinde"-
Party!

Meine ,,Feinde"

Name	Warum kann ich ihn/sie nicht leiden?	Wie kann ich mit ihm/ihr so umgehen, daß er/sie nicht mehr zum Zuge kommt?

Hast Du Feinde, die Dir das Leben schwermachen? Gräm Dich nicht! Denk einfach an einen Satz des Schriftstellers Ludwig Börne:

,,Der Umstand, daß wir Feinde haben, beweist klar genug, daß wir Verdienste besitzen!"

Mach Dir bewußt, daß die meisten Feinde nur neidisch auf Dich sind.
   Deshalb: Geh schonend mit ihnen um, denn Du bist überlegen.

Allein bist Du hilflos!

Jeder Mensch braucht andere Menschen, damit das Zusammenspiel — das wir Leben nennen — überhaupt funktioniert. Niemand kann allein leben, auch Du nicht. Zwar darfst Du diejenigen, die verletzen, heucheln oder zanken, ruhig meiden, aber Dich ganz in Dein Schneckenhaus zu verkriechen, bloß weil Du einmal eine menschliche Enttäuschung erlebt hast, ist falsch. Gerade dann brauchst Du nämlich verstärkt Kontakt, Aussprachemöglichkeiten, Mitgefühl und Zuneigung. Wenn Du aber Dein Herz in einen Tresor sperrst, weil es so verletzlich ist, wirst Du niemals die Wärme und Sympathie spüren, die Dir bestimmt viele Menschen entgegenbringen.

Verkriech Dich nicht in Dein Schneckenhaus!

Es ist schwer, anderen nach einer tiefen Enttäuschung zu vertrauen, aber die Chance, das nächste Mal nicht enttäuscht zu werden, sondern für dieses Vertrauen Zuneigung, Freundschaft und Liebe zurückzubekommen, ist sehr groß — viel größer als die Chance, im Lotto zu gewinnen. Warum es also nicht noch einmal, immer wieder versuchen? Auch der beste Fußballspieler schießt öfter neben das Tor als hinein.

Allein bist Du hilflos und einsam! Wenn Du Freundschaft und Liebe gibst, bekommst Du Freundschaft und Liebe zurück. Bestimmt! Probier's mal!

Du brauchst Freunde!

Irgendein witziger Kopf hat den hübschen Satz erfunden: „Die Familie ist ein Geschenk des Himmels — danken wir Gott, daß wir unsere Freunde selber aussuchen können!"

Das ist nicht nur hübsch formuliert, sondern auch recht klug, denn jeder von uns braucht — außerhalb seiner Familie — mindestens einen Freund, und es müßte schon mit dem Teufel zugehen, wenn sich der unter vielen Menschen um uns herum nicht finden ließe. (Daß hier anstelle von „Freund" auch immer „Freundin" stehen kann, versteht sich von selbst.)

Wahre Freundschaft = geben und nehmen

Ein Freund ist einer,
- der Dich gern mag,
- der Dir zuhört,
- der mit Dir teilt,
- der Dich begleitet,
- der Dich ermuntert,
- der Dir hilft,
- der Dich kritisiert, ohne Dich in Frage zu stellen,
- der Dich lobt,
- der Dich nimmt, wie Du bist,
- der aufrichtig und ehrlich mit Dir ist,
- der nicht Deine Familie, Dein Zimmer, Euer Schwimmbad, Deinen Namen oder Dein Geld besucht, sondern *Dich!*

Du glaubst, das gibt es nicht? Schwerer Irrtum! Wenn Du bereit bist, für ein Mädchen oder einen Jungen dasselbe zu tun, wirst Du sie oder ihn finden.

Wie bei einer Waage die Schalen, so balancieren sich bei einer Freundschaft Geben und Nehmen auf die Dauer aus. Jeder hat für den anderen immer das zu tun, was dieser jetzt gerade am nötigsten braucht.

Woher Du das wissen sollst? Ganz einfach: Denk in aller Ruhe darüber nach, was Du an seiner oder ihrer Stelle momentan am liebsten hättest. Dann weißt Du, welchen Freundschaftsdienst Du ihm oder ihr leisten mußt. Fängst Du aber an, wie ein Krämer die Waage zu beobachten und ganz genau festzuhalten, was und wieviel Du für Deinen Freund getan hast, wieviel er Dir zurückgab, ob sein Geburtstagsgeschenk für Dich soviel gekostet hat wie Dein Geschenk für ihn, ob er so lange auf Dich gewartet hat, wie Du auf ihn wartest, dann kannst Du diese „Freundschaft" gleich einpacken. So was nennt man allenfalls eine Bekanntschaft, und davon kannst Du viele haben. Dutzende. Die kratzen Dich nicht mal an der Oberfläche. Richtige Freundschaften gehen unter die Haut. Sie halten Prüfungen und Trennungen stand und wachsen sogar daran.

Nicht jede Bekanntschaft ist eine Freundschaft

Ein richtiger Freund will Dich nicht umerziehen oder verbessern. Er mag Dich so, wie Du bist, und nimmt Deine Fehler mit in Kauf. Aber — und nun kommt der schwerere Teil der Sache — auch Du mußt ihn nehmen, wie er ist. Und da fängt's oft an zu hapern, weil leider in vielen von uns ein mieser, kleiner Schulmeister steckt, der unentwegt Ratschläge und Belehrungen austeilen muß. Bring diesen inneren Oberlehrer bei der nächsten Gelegenheit bitte um! Selbstverständlich dürfen — und müssen! — sich Freunde auch die Wahrheit sagen können, sogar wenn es unangenehm wird. Aber die Wahrheit soll dem anderen immer nützen. Sie darf ihm nicht schaden. Manchmal ist es darum nötig, die Wahrheit nicht zu sagen, sondern den Mund zu halten. Das ist ziemlich schwer. Versuch es trotzdem.

Freunde hocken übrigens nicht immer beieinander. Jeder braucht nämlich seinen Platz, seine Zeit, seine Freiheit. Das nützt der Freundschaft. Du mußt es Dir ähnlich vorstellen wie bei einer Igelfamilie: Die Igel sitzen zusammen, um sich zu wärmen, aber sie rücken nicht zu nahe, um sich gegenseitig nicht zu stechen. Diesen feinfühligen Abstand finden echte Freunde ohne große Schwierigkeit. Sie wissen: Auf meinen Freund kann ich bauen. Er hilft mir, wenn nötig, genauso wie ich ihm helfe. — Finde einen solchen Freund! Selbst jahrelange Suche lohnt sich! Wer echte Freunde hat, lebt doppelt und dreifach, denn er hat nicht nur sein eigenes Leben, sondern lebt auch das der Freunde mit. Wenn Du also ein Mädchen oder einen Jungen triffst, mit dem Du gerne befreundet sein möchtest, zögere nicht zu lange. Sprich sie oder ihn an. Trau Dich! Alleinsein ist schlimmer als ein Korb. Du hast Herzklopfen und Magenbrennen, wenn Du jemanden um etwas bitten sollst? Dann bist Du an den Grenzen Deines Könnens angekommen. Wenn Du Dich jetzt trotzdem traust, erweiterst Du die Grenzen, schiebst sie fort und bist innerlich ein ganzes Stück gewachsen. Versuch es also!

Die Suche nach einem echten Freund lohnt sich!

Die Chancen, keinen Korb zu kriegen, sind ziemlich groß. Andere wollen vielleicht von Dir nur angesprochen werden. Lies im Abschnitt über Entspannung (Kapitel „Entspannungstechnik") nach, wie Du mit tiefen Atemzügen Dein Herzklopfen beruhigen kannst. Nimm Dir das Herz, und tu den ersten Schritt.

Meine Freunde

Freunde	Was ist das Besondere an dieser Freundschaft?	Wen ich gern zum Freund/zur Freundin hätte	Gründe

Vielleicht merkst Du: Es gibt gute Gründe für eine Freundschaft. Und es gibt auch gute Gründe dafür, eine neue Freundschaft zu beginnen. Auf den nächsten Seiten erfährst Du ein paar Tips, wie man neue Freunde kennenlernen kann. Aber sei wählerisch, denn schlechte Freunde zu haben ist schlimmer, als gute Feinde zu haben.

Wie Du Kontakte „knüpfen" kannst

Du bist im Kino, Theater, in einer Diskothek oder bei einer Sportveranstaltung. Du siehst jemanden, der Dir gefällt und Dich interessiert. Kauf zwei Getränke. Eins für Dich, eins für ihn bzw. sie. Biete es freundlich an.

Wenn er (oder sie) ablehnt, trinkst Du eben beide Flaschen aus, aber die Chance, so in ein Gespräch zu kommen, ist groß. Nun mußt Du natürlich reden. Anknüpfungspunkt ist die gemeinsame Veranstaltung. Diese Art „anzubändeln", ist ein bißchen massiv, aber meist recht wirkungsvoll.

Sei originell, wenn Du jemanden kennenlernen möchtest!

Nach Uhrzeit oder Weg zu fragen und hilfsbereit zu sein, ist auch nicht die schlechteste Art, jemanden kennenzulernen. Aber da nicht alle Leute schwere Sachen schleppen oder die Brille vergessen haben, kommt es darauf an, einen originellen Einstieg zu finden. Kontaktarme, schüchterne Leute sind dabei oft besonders empfindlich. Sie unterschätzen sich. Wenn Du zum Beispiel zu dieser Sorte gehörst, laß Deine Gedanken nicht immer darum kreisen, wie peinlich es wäre, abzublitzen, sondern überleg Dir lieber etwas Nettes.

Zunächst einmal: Nie negativ beginnen!
Ganz falsch ist:

Darf ich mal stören?
Ich will nicht Deine kostbare Zeit stehlen, aber . . .
Kann ich Dich mal eben belästigen?
Entschuldige, aber . . .

In Restaurants, Cafés, Eisdielen, Sport- und Hobbyvereinen, auf Schulhöfen, bei Firmen, Behörden, in Werkstätten und auf Sportplätzen jemanden anzusprechen, ist ziemlich leicht.

Hier ein paar Beispiele, wie Du es machen könntest:

- „Gehört Ihnen der rote VW? Ich hab einen Parkgroschen nachgeworfen!" (Obwohl Du weder einen VW gesehen noch einen Groschen in der Tasche gehabt hast!)
- „Dir stehen Jeans besser als mir . . ."
- „Sind Sie nicht die Schlagersängerin X . . .?"
- „Du begreifst den neuen Tanz schneller als ich, würdest Du ihn mir zeigen . . .?"

- „Deine Pickel sind ja verschwunden. Was hast Du dagegen unternommen?"
- „Du hast einen duften Haarschnitt. – Wer macht Dir den?"
- „Magst Du lieber Eis oder Cola?"
- „Wann haben Sie mal Zeit für mich. Nur 10 Minuten bitte."
- „Ich gratuliere zu dem irren Gürtel . . ."
- „Eigentlich könntest Du meine Großmutter sein . . . (Sekunden Pause) . . . wenn Du viermal so alt wärst."

Der erste Schritt hat Vorteile!

Wer den ersten Schritt tut, ist immer im Vorteil, denn er veranlaßt andere, zu reagieren. Wichtig ist, daß Du den Partner ein bißchen verblüffst oder zum Schmunzeln bringst. Denn wenn er lacht, ist er schon halb gewonnen. Und als Antwort „Wie ist das gemeint?" zu erhalten, ist genau der Angelhaken, an dem Du den anderen festhalten kannst. Ob sich das Festhalten dann lohnt, ergibt sich aus dem ersten Gespräch. Du erkennst schon nach ein paar Minuten ganz gut, ob der oder die andere wirklich so nett und interessant ist, wie Du es Dir wünschst, oder doof, albern und hochnäsig.

Bring die Leute zum Reagieren!

Aber bitte, denk an den Rat von oben: Nie negativ anfangen! Nicht schon entschuldigen, bevor Du überhaupt einen Fehler gemacht hast! Keine Fragen stellen, auf die der andere nur mit Ja oder Nein antworten kann, sondern die Leute immer zum Reagieren bringen.

Gemeinsame Probleme, Ärger und Freuden sind die besten Anknüpfungspunkte. Also Mut: Tief einatmen. Den ersten Satz auf die Zunge – und *lächeln!* Augenkontakt. Nicht auf den Boden, sondern den Leuten ins Gesicht schauen. Das ist alles.

Etwas Herzklopfen gehört übrigens dazu – es *soll* ja prickeln. Abenteuer gibt's nämlich nicht nur in Afrika, sondern auch um die Ecke.

Freude und Freunde durch ein Hobby

Hast Du eigentlich ein Hobby? – Sag nicht gleich ja. Wenn Du Briefmarken sammelst, weil es alle Deine Kameraden tun, oder Fußball spielst, weil die meisten Deiner Freunde spielen, dann ist das noch lange kein Hobby!

Ein Hobby macht Freu(n)de!

Erst, wenn Du eine Beschäftigung findest, die Dich ganz fesselt, die Dir nicht nur Spaß macht, sondern bei der Du alles um Dich herum vergißt, die also völlig Deinen Neigungen entspricht, hast Du ein Hobby gefunden.

Für ein echtes Steckenpferd ist einem nichts zuviel. Man teilt es mit niemandem. Höchstens mit ein paar Gleichgesinnten. Was immer Du Dir aussuchst – ob Fische züchten, Zinnfiguren bemalen, Boote bauen, Schweinchen dressieren, Teppiche knüpfen, Wandern, Kochen, Lesen oder Fotografieren, erwirb Dir die größtmögliche Sachkenntnis auf diesem Gebiet. Werde

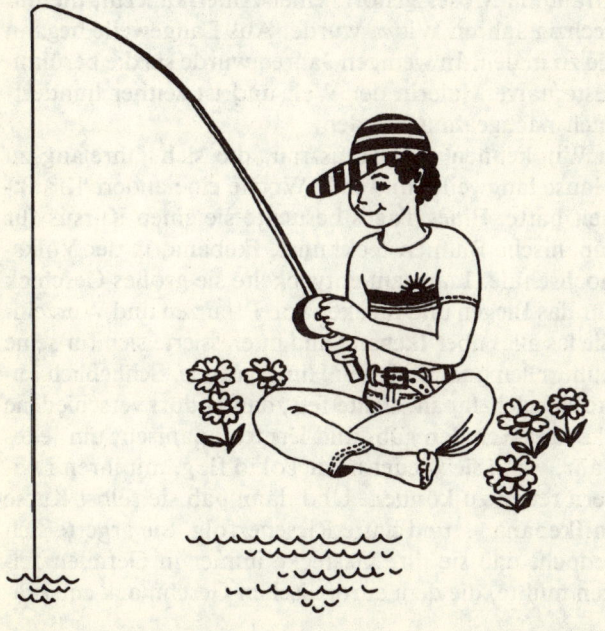

ein richtiger Spezialist! Triff Dich mit Leuten, die dasselbe Hobby haben wie Du, oder schreib ihnen. (Das ist fast der beste Weg, einen Freund zu finden!) Versuch, über das Angebot der Industrie hinaus eigene Ideen, Vorstellungen und Neuerungen für Dein Hobby zu entwickeln. So ist schon mancher Deiner Altersgenossen zum Forscher und Entdecker geworden. (Interessier Dich z.B. für den Wettbewerb ,,Jugend forscht'', den die Illustrierte STERN jährlich veranstaltet.) Daß Dein Hobby Dir auch für die Schule nützt, weißt Du schon aus dem Kapitel ,,Lernhilfen und Tips für die Schule''.

Aber Hauptsache ist, daß es Dir Spaß macht, deshalb such lieber etwas länger. Du wirst sehen, welchen Auftrieb es Dir gibt, wenn Du bald mehr von Motoren verstehst als Dein Vater, oder besser nähen kannst als Deine Mutter.

Langeweile?
Mach was
draus!

Die Freude, die ein Steckenpferd machen kann, ist an kein Alter gebunden. Vielleicht hast Du schon von Grandma Moses gehört, einer Amerikanerin, die mit sechzig Jahren Witwe wurde. Aus Langeweile begann sie zu malen. In wenigen Jahren wurde sie die berühmteste naive Malerin der Welt und ist seither hundertfach nachgeahmt worden.

Wir kennen eine Hausfrau, die sich jahrelang zu Hause langweilte und jede Woche eine andere Krankheit hatte. Eines Tages besuchte sie einen Kursus für japanische Blumensteckkunst, Ikebana, in der Volkshochschule. Langsam entwickelte sie großes Geschick für das Biegen und Stecken von Pflanzen und Wurzeln. Sie las alles über Ikebana und interessierte sich für seine kulturellen und religiösen Hintergründe. Schließlich reiste sie nach Japan, stellte fest, daß es dort verschiedene Ikebana-Schulen gab, und lernte Japanisch, um jedes Jahr, wenn sie wieder nach Tokio flog, mit ihren Lehrern reden zu können. Und dann gab sie selbst Kurse in Ikebana – und hatte Riesenerfolg. Sie ärgerte sich jedoch, daß sie ihre Gestecke immer in Gefäßen zeigen mußte, die dem europäischen Geschmack entsprachen und mit der raffinierten Schönheit des Ikebana nicht harmonierten. Eines Tages begann sie, auch ihre eigenen Töpfe zu entwerfen und zu modellieren. Sie lernte alles über das Töpfern und fragte Künstler und Keramikfachleute um Rat. Dann entwickelte sie ihren eigenen typischen Stil.

Heute geht sie im Winter auf Vorlesungsreisen in Europa, im Sommer studiert sie in Japan. Ihre Töpfe und Gestecke stehen in vielen Museen, und Kenner zahlen hohe Preise dafür.

Ein anderes Beispiel hat uns ein junger Mann erzählt, der sich darüber ärgerte, daß sein französisch klingender Name immer falsch ausgesprochen wurde. Es interessierte ihn, warum er − ein Deutscher − einen französischen Namen hatte. Darum begann er, Ahnenforschung zu betreiben. Er stöberte in Archiven und alten Kirchenbüchern herum, und schließlich stellte sich heraus, daß seine Vorfahren als Hugenotten aus Frankreich geflohen waren. Eines Tages reiste der junge Mann in das französische Dorf, aus dem seine Ahnen einst gekommen waren. Daß er so ganz nebenbei Französisch lernte, und zwar nicht nur die Umgangssprache, sondern sogar Altfranzösisch, um die Urkunden verstehen zu können, daß er sich große Kenntnisse in der Geschichte, Kultur und Literatur Frankreichs aneignete und sich dort heimisch zu fühlen begann − das alles waren nur Nebenprodukte seines Hobbies. Heute übersetzt er Romane und Sachbücher aus dem Französischen ins Deutsche und verdient sich damit das Geld, das er braucht, um noch weiter in der Geschichte seiner Familie forschen zu können. Vielleicht begegnet er dabei eines Tages Obelix. Jedesfalls ist er mit 18 Jahren schon ein Fachmann, und seine Abiturnoten in Geschichte und Französisch kannst Du Dir vorstellen.

Dein Hobby hilft Dir, eine „reichere" Persönlichkeit zu werden. Damit wirst Du auch für andere Menschen interessant. Nichts ist langweiliger als Leute, die nur über Alltägliches zu reden wissen.

„Nichts als Äußerlichkeiten!"

Zum Schluß dieses Kapitels wollen wir uns rasch noch
mit den viel geschmähten Äußerlichkeiten beschäftigen.
Wir sagen zum Beispiel oft: „Ach, das sind doch nur
Äußerlichkeiten. Das ist doch völlig unwichtig!", wenn
wir unbequeme Ermahnungen beiseite schieben wollen,
die sich auf unsere total verdreckten Jeans beziehen
oder darauf, daß wir in der Straßenbahn vor einer älteren Dame nicht aufgestanden sind. Andererseits hängt
es aber gerade von diesen „unwichtigen" Äußerlichkeiten ab, ob wir selber einen anderen Menschen sympathisch finden oder ihn „nicht riechen können" –
zum Beispiel, weil er die Begegnung mit Wasser und
Seife scheut. Selber höflich zu sein, erscheint uns als
nicht so wichtig. („Hauptsache, ich bin ein anständi-
ger Mensch!") Aber wenn jemand dauernd unseren Namen vergißt und noch bei der zehnten Begegnung sagt:
„Ach, wie war doch gleich Ihr Name ...?", dann reagieren wir ziemlich sauer und ziehen unsere Sympathie-
Antennen ein.

Es ist heutzutage bestimmt nicht mehr sehr wichtig,
ob Du weißt, wie man einen formvollendeten Hand-
kuß verabreicht oder einen Hofknicks macht, aber daß
der Gebrauch der Wörter „bitte" und „danke" das Leben ziemlich erleichtert, wirst Du zugeben.

Höflichkeit ist
eine Spielart
der Freund-
schaft!

Höflichkeit ist das „Schmiermittel" für den Umgang
mit anderen Menschen. Du kannst gute Manieren zwar
aus den Benimmbüchern lernen, aber dann bleiben sie
hölzern und unecht. Die berühmte „Höflichkeit des
Herzens" hingegen hast Du in Dir selbst. Du brauchst
Dich nur zu fragen, was Du gern hättest, wenn Du an
der Stelle des anderen wärst, schon weißt Du, wie Du
Dich verhalten mußt. (Das kommt Dir bekannt vor? –
Richtig! Im Abschnitt über Freundschaft steht fast dasselbe. Tatsächlich ist Höflichkeit nichts anderes als eine
Spielart der Freundschaft, nämlich Mitmenschlichkeit,
die Deinem Gegenüber signalisiert, daß Du sie oder ihn
schätzt und anerkennst!)

Als eine andere „unwichtige" Äußerlichkeit gilt der gute Geschmack, über den man bekanntlich nicht streiten kann, es aber doch immer wieder tut. Ob Du Geschmack hast, wird sichtbar an Deiner Kleidung, an der Einrichtung Deines Zimmers und an der Auswahl der Gegenstände, mit denen Du Dich umgibst. Geschmack ist zwar eine Privatsache, aber wenn Du zum Beispiel ein zarter, ängstlicher, nervöser Typ bist, der in martialischen Rocker-Klamotten rumläuft, wirkst Du auf Deine Mitmenschen wahrscheinlich eher komisch als beeindruckend. Dein Geschmack hat Dich im Stich gelassen.

Hat Dich Dein Geschmack im Stich gelassen?

Guten Geschmack beweist Du nicht nur mit erlesenen (also sorgfältig ausgewählten und zu Dir passenden) Gegenständen und Kleidungsstücken, sondern auch mit Deinem Verhalten. Wenn Du Dir öffentlich in den Zähnen stocherst, mit der Gabel den Kopf kratzt oder an der Geburtstagstafel Deiner Großmutter schmutzige Witze erzählst, benimmst Du Dich geschmacklos — womit wir wieder am Anfang wären.

Um okay zu sein, müssen eben auch die Äußerlichkeiten stimmen. Überschätze sie nicht, aber achte darauf!

Bist Du ein Optimist?

Ganz sicher hast Du schon die bekannte Geschichte gehört, die den Unterschied zwischen einem Optimisten und einem Pessimisten erklärt:

Ein Pessimist und ein Optimist sitzen zusammen in der Kneipe. Beide haben ein halbes Glas Wein vor sich stehen. „Oh", sagt der Pessimist, „mein Glas ist ja schon halb leer." Der Optimist aber freut sich und sagt: „Prima — mein Glas ist noch halb voll."

Die Wahrheit ist oft eine Frage der Sichtweise!

Daran kannst Du erkennen, daß ein Optimist die Dinge, die er sieht, immer positiv beurteilen kann, während der Pessimist genau das gleiche rabenschwarz und negativ bewertet. Nicht die Wahrheit ist also von Bedeutung, sondern wie man sie bewertet. Die eigene Sichtweise kann das Leben ein bißchen trauriger oder ein bißchen fröhlicher machen.

Wie bist Du? Bist Du ein Mensch, der an allem immer noch etwas Negatives sieht, oder kannst Du immer etwas Schönes, Erheiterndes, Positives sehen? Jetzt frag Dich einmal, wen Du lieber kennenlernen möchtest von den beiden Leuten in der Kneipe – den Optimisten oder den Pessimisten? Sicher wirst Du dem Nörgler lieber aus dem Weg gehen, der Optimist aber scheint ein fröhlicher Mensch zu sein, mit dem es sicher was zu lachen gibt. Es gibt ein Buch von Martin Seligman mit dem schönen Titel „Pessimisten küßt man nicht". Schon der Titel sagt, daß man schlechtgelaunte Motzer nicht unbedingt liebenswert findet. Niemand mag den ewigen Nörgler, doch der fröhliche und gutgelaunte Mensch ist beliebt und steht immer im Mittelpunkt. In diesem Buch schreibt Martin Seligman, daß sich Pessimisten immer an allem, was ihnen passiert, selbst die Schuld geben. Sie jammern und jammern und halten sich für große Pechvögel.

Würdest Du einen Pessimisten küssen wollen?

Einem Optimisten passieren auch unschöne und unangenehme Dinge, aber er läßt sich davon nicht unterkriegen. Auch optimistische Schüler können eine Fünf in der Mathearbeit schreiben oder sogar in der Schule sitzenbleiben. Sie strengen sich danach aber ganz besonders an, um es beim nächsten Mal besser zu machen. Der Pessimist bedauert nur sich selbst und wird noch zerknirschter.

Es ist bewiesen, daß es optimistische Schüler leichter haben, daß ihnen mehr gelingt und daß sie sogar gesünder sind als Nörgler. Wenn man von vornherein eine Mathearbeit mit dem Gedanken schreibt: „Das wird sowieso wieder nichts", dann wird es auch nichts. Wenn man sich aber sagt: „Diesmal wird es mir gelingen", dann ist die Chance, daß wirklich eine gute Note dabei herauskommt, viel größer.

Sag also nie Sätze wie:

„Das kann ich sowieso nicht."

„Ich bin eine Null in diesem Fach."

„Diese Arbeit wird mir sowieso nicht gelingen."

„Ich bin so niedergeschlagen, weil mir nie etwas gelingt."

„Ich fühl mich so mies."

„Ich hab Angst vor der nächsten Klassenarbeit in Mathe (Deutsch, Englisch, ...)"

Sprich lieber laut und deutlich Sätze wie: Sag es positiv!

„Ich weiß genau, daß es diesmal besser wird."

„Ich freu mich auf die nächste Klassenarbeit und bereite mich gut darauf vor."

„Ich bin gutgelaunt, weil es immer besser wird."

„Diese Arbeit wird mir ganz bestimmt gelingen."

„Ich fühl mich großartig, weil ich kann, was ich will."

Vor jeder wichtigen Arbeit kannst Du diese Sätze vor dem Spiegel aufsagen. Vielleicht wirst Du schon bald merken, daß alles viel einfacher wird und die grauen Wolken mehr und mehr verschwinden. Denk an die beiden Weintrinker, beide haben gleich viel Wein im Glas – und trotzdem wird nur der Optimist seinen Wein richtig genießen können. Wer niedergeschlagen, ängstlich und traurig an die Dinge herangeht, ist ein Pessimist. Du aber bist ein Optimist! Und als Optimist wird Dir mehr und mehr gelingen, was Du vielleicht früher nie für möglich gehalten hast. Und außerdem wird man Dich mögen; nur Pessimisten küßt man nicht.

Kapitel 7:
Was Du Dir vorstellen kannst, kannst Du auch verwirklichen

Der Körper
reagiert auf
die geistige
Vorstellung.

Geist, Körper und Seele sind die drei verschiedenen Ansichten (Aspekte) eines Menschen. So wie ein Dreieck aus drei Seiten besteht, so besteht der Mensch eben aus Seele, Geist und Körper. Alle drei sind gleich wichtig und können nur zusammen ein harmonisches Ganzes bilden. Ein Aspekt hängt vom anderen ab. Diese wahre Geschichte verdeutlicht das:

Im Hafen legen Kühlschiffe an. Die schnell verderblichen Lebensmittel müssen von den Hafenarbeitern in Kühllastwagen umgeladen werden. Da alle Fahrzeuge auf Temperaturen von ca. minus 30 Grad gekühlt sind, tragen die Arbeiter warme, wattierte Schutzanzüge, um nicht zu frieren. An einem warmen Sommertag – alle Kühlräume waren entleert, die Maschinen abgestellt – hatte ein Arbeiter etwas in einem der Lastwagen vergessen. Da er sich schon umgezogen hatte, betrat er in leichter Sommerkleidung seinen Arbeitsplatz. Während er herumsuchte, schlug die schwere Panzertür zu – und war von innen nicht mehr zu öffnen. Obwohl in dem entleerten Waggon eine ganz normale Temperatur von plus 18 Grad herrschte, wurde der Arbeiter am nächsten Morgen von seinen Kameraden tot aufgefunden. Der Mann hatte nicht gewußt, daß die Kühlaggregate schon abgestellt gewesen waren. Er war fest davon überzeugt, nach dem Zuschlagen der Tür erfrieren zu müssen – und war erfroren.

Dieses Beispiel zeigt Dir, wie sehr Körper und Geist zusammenhängen. Der Körper reagiert auf die geistige Vorstellung! Der Mann geriet in Panik, als er merkte, daß die Tür verschlossen war. Da er in den Kühlräumen immer nur bei eisigen Temperaturen gearbeitet hatte, kam er gar nicht auf die Idee, daß man die Kühlmaschinen ja auch abstellen kann. Angst und Panik blockierten seine Denkfähigkeit — also mußte er erfrieren.

Was Du Dir ganz fest vorstellst — das verwirklicht sich!

Wenn Du diesen Absatz gelesen hast, dann schließ Deine Augen. So — nun stell Dir einen leckeren Eisbecher vor. Du siehst — in Gedanken — ein hohes, schönes Glas. Zuunterst gibst Du duftende, saftige Erdbeeren hinein — sie sind überreif und etwas von ihrem Saft ist am Glas heruntergelaufen. Du fängst den Tropfen mit dem Zeigefinger auf und leckst ihn ab. Hmm! Köstlich!

Was Du Dir vorstellst, das passiert!

Jetzt tust Du zwei Eiswürfel hinein, um das Ganze zu kühlen. Die Eiswürfelchen klingeln am Glasrand und schmelzen langsam. Dann wird das Glas mit mehreren Kugeln Vanilleeis, Zitroneneis und Cassata vollgefüllt. Du preßt mit dem Löffel die Kugeln tüchtig zusammen, damit möglichst viel in Dein Glas hineingeht. Deine Nase ist dem Eisbecher ziemlich nahe, und wir sehen schon, wie Deine Zungenspitze über Deine Unterlippe fährt und Du mehrfach schluckst. Aber warte — Vorfreude ist ein Genuß für sich.

Dem Eisbecher, der jetzt fast überläuft, wird noch eine dicke rote Kirsche aufgesetzt. Das Ganze krönst Du mit einem Tupfer weißer Sahne und übergießt es mit Himbeersaft, der sich schön rot vom sahnigen Untergrund abhebt.

Hast Du Dir das Ganze konzentriert und genau vorgestellt? Machen Deine Hände schon Greifbewegungen? Läuft Dir schon das Wasser im Munde zusammen? Leckst Du Dir schon die Lippen? Wenn Du den Eisbecher richtig plastisch vor Dir gesehen hast, wird Dein Körper reagieren, als sei die Vorstellung *Wirklichkeit!*

Sind Dir Spaghetti oder Pommes Frites lieber als Eis, probier es damit. Du wirst sehen, daß intensive Vorstellung körperliche Reaktionen auslöst.

Dieses Experiment ist nicht nur ein Spielchen. Es ist im Gegenteil ein ganz großartiges Werkzeug für Deinen Erfolg. *Was Du Dir ganz fest vorstellst – das passiert!*

Angenommen, Du möchtest ein guter Fußballspieler werden. Im Fernsehen oder auf dem Fußballplatz hast Du schon fabelhafte Spieler mit berühmten Namen gesehen. Du hast sie genau beobachet. Du weißt, wo ihre Stärken und Schwächen sind. Wer so ein Vorbild hat, ist fein heraus. Er kann sich daran halten und ihm nacheifern. Das ist die schnellste und einfachste Form des Lernens.

Setz Dich ruhig hin und meditiere.

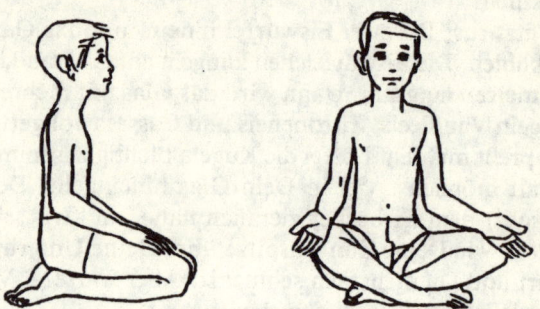

Mach Dir klar, welches Dein nächstes Ziel ist, was Deine vordringlichste Aufgabe ist. Als Fußballspieler brauchst Du ein Trikot, einen Platz, zwei Tore, einen Ball und noch 21 Mitspieler. Jeder hat seine Aufgabe. Du hast eine. Blitzschnelle Reaktionsfähigkeit, gute Körperbeherrschung, Kenntnis der Regeln werden wohl alle Spieler brauchen.

Obwohl wir keine Fußballexperten sind, können wir uns aber denken, daß es noch spezielle Eigenschaften gibt, die Du brauchst. Es kommt eben darauf an, ob Du Mittelstürmer oder Torhüter sein möchtest.

Das Ziel bestimmt den Weg!

Sicher erkennst Du jetzt, worauf wir hinauswollen. Das *Ziel* Deiner Arbeit bestimmt Deinen *Weg*, und die Meditation ist eine Möglichkeit, das Ziel herauszufinden. Sie verschafft Dir Klarheit über Deine Träume, Deine Wünsche, Deine Eigenheiten, Besonderheiten und Veranlagungen.

Nie wird ein völlig unmusikalischer Mensch davon träumen, Musiker zu werden. Nie wird ein temperamentvoller Typ sich danach sehnen, seinen Arbeitstag am Schreibtisch im Büro zu verbringen. Nie wird ein Kind, das das Lesen haßt, selbst Bücher schreiben wollen. Nur ein unternehmungslustiger, mutiger kleiner Kerl kann sich vorstellen, Lokführer, Pilot oder Astronaut zu sein.

Was Du Dir ganz intensiv vorstellst – das wird Wirklichkeit!

Angenommen, Du sollst bei einem Elternabend ein Gedicht vortragen. Aber Du bist so schüchtern, daß Du Angst davor hast. Du hast Angst zu stolpern, Angst, den Text zu vergessen, Angst zu stottern. Alle Deine Gedanken umkreisen die bevorstehende Pleite.

Was passiert? – Du wirst stolpern!

Du wirst stottern, den Text vergessen und nichts mehr herausbringen! – Warum? Weil Du es befürchtet hast. Weil Du das Pech herausgefordert hast. Weil Du Dir in allen Einzelheiten immer wieder vorgestellt hast, wie Du linkisch, verlegen, stotternd und bedauernswert vor all den Eltern stehst und versagst.

Wer an das Pech denkt, hat Pech!

Was immer Du Dir vorstellst – das geschieht!

Hast Du schon mal erlebt, daß Dein Vater oder Onkel sich das Rauchen abgewöhnen wollten? Sie hatten die besten Vorsätze und taten heilige Schwüre. Was passierte? Sie rauchten mehr als zuvor! Weshalb? Ihre Gedanken umkreisten sehnsüchtig nur noch die Zigaretten. Jeder Aschenbecher, jede Reklame, jeder andere Raucher erinnerten sie ans Rauchen.

Ein Nichtraucher bemerkt Aschenbecher, Reklamen, Zigarettenpäckchen und rauchende Kollegen gar nicht oder wird davon abgestoßen. Jedenfalls sind sie für ihn keine Aufforderung zum Rauchen. Warum?

Er denkt nicht daran! Er sieht sich selbst nicht als Raucher. Er kann sich gar nicht vorstellen, was so besonderes daran ist, sich einen stark riechenden Glimmstengel zwischen die Lippen zu schieben.

Falsche Gedanken also kannst Du nicht loswerden, nur weil Du sie loswerden willst. Du kannst nicht aufhören zu stottern, wenn Du aufhören willst. Du machst es schlimmer. Du mußt nicht darüber nachdenken, was Du nicht willst, sondern was Du willst. Was Du Dir immer wieder intensiv vorstellst, wird Wirklichkeit! Schlechte, falsche, schwarze, negative, pessimistische, unerfreuliche Gedanken und Vorstellungen kann man nur loswerden durch neue, positive Gedanken.

Nach dem Denken kommt das Handeln!

Deinen Auftritt bei der Elternfeier planst Du zunächst einmal gedanklich! (Aber es darf nicht beim Träumen bleiben!) Jeder Gedanke, jede Idee, jede Vorstellung möchte Wirklichkeit werden. Nach dem Denken kommt das Handeln!

Zunächst lernst Du ein Gedicht auswendig. Und zwar so gut, daß Du es ohne jede Stockung, ohne Stichwort, ohne Hilfe fehlerfrei kannst. Immer laut sprechend üben. Dann deklamierst Du vor einem großen Spiegel. Schau Dir dabei selbst in die Augen. Halte Deinen Blick fest. Das ist am Anfang schwierig. Übe so lange, bis Du es während des ganzen Aufsagens kannst. Das festigt den Blick, und Du kannst auch den Augen des Publikums standhalten.

Jetzt stellst Du Dir im Geiste vor, *wie* Du auftreten möchtest. Mit erhobenem Kinn, frei und sicher um Dich blickend, mit festem Schritt und lockeren Schultern, nett angezogen und gut frisiert.

Immer wieder siehst Du Dich selbst so auf Deinem inneren Bildschirm. Da verwirklichst Du, was Du Dir vorgestellt hast. Du wirst Dich auf die Elternfeier freuen. Die Eltern werden hell begeistert sein.

Was der Mensch sich vorstellen kann, das kann er auch erreichen.

Wenn Du Dich klein, mickrig, schlapp und müde siehst – dann bist Du auch so. Wenn Du denkst: „Oh, bin ich müde!", stellt sich Dein Körper darauf ein. Der Kreislauf wird schlapper, der Atem schwächer, die Sauerstoffversorgung der Organe schlechter. Ergebnis: Du bist müde.

Der Körper gehorcht der Vorstellung. Es ist etwas Faszinierendes um einen Menschen, der genau weiß, was er will. So wie eine moderne Abwehrrakete ihr Ziel findet, auch wenn es sich weiterbewegt, so geradlinig, ökonomisch und ohne Umschweife geht ein Mensch vor, dem ganz klar vor Augen steht, was er aus seinem Leben machen, welchen Beruf er ergreifen will. Ganz von selbst, ohne große Anstrengung und ohne Quälerei, findet er heraus, welche Fähigkeiten und Kenntnisse er braucht, um sich seinen Wunschtraum zu erfüllen.

Für ihn (für Dich) wird Wirklichkeit – was er sich vorstellt (was Du Dir vorstellst) – okay?!

Durchbrich Deine persönliche Schallmauer!

Du hast jetzt dieses Buch fast zu Ende gelesen. Vielleicht hast Du ja eine Fülle neuer Ideen und Anregungen bekommen und sie gar schon teilweise in die Tat umgesetzt. Vielleicht kannst Du auch schon kleine Fortschritte oder echte Erfolge feststellen. Aber auch, wenn Du überhaupt noch keine Wirkung spürst: Wirf die Flinte nicht gleich ins Korn, gib nicht auf, mach weiter! Wir wollen nicht hoffen, daß Du das Buch nun einfach zuklappst und darauf wartest, daß etwas passiert. Nichts geht von selbst, Du mußt am Ball bleiben und Deine neuen Erkenntnisse zu Deinem persönlichen Vorteil anwenden. Besorg Dir so bald wie möglich eine gute Lerncassette (oder laß Dir eine von Deinen Eltern oder

Verwandten schenken), und hör sie Dir täglich an, mindestens vier Wochen lang. Unsere Empfehlung: Die Cassette „Power für die Jugend" von Nikolaus B. Enkelmann, die genau auf die Inhalte dieses Buches abgestimmt ist. Aber auch eine noch so gute Cassette kann keine Garantie sein, daß Du nie wieder Rückschläge erfahren wirst, daß Dir Enttäuschungen erspart bleiben und sich Dir keine Hindernisse in den Weg stellen werden. Sie kann Dir nur dabei helfen, über Deine Grenzen hinauszuwachsen, Widerstände zu überwinden und mit Power Deine persönliche Schallmauer zu durchbrechen. Immer, wenn Du daran zweifelst, schlag doch noch einmal die Kapitel mit den Beispielen von erfolgreichen Persönlichkeiten auf, die es alle geschafft haben, über sich hinauszuwachsen. Vielen ist es gelungen, Unmögliches möglich zu machen, weil sie das Wort „unmöglich" aus ihrem Gehirn und aus ihrem Wortschatz gestrichen haben. Auch Du kannst alles erreichen, was Du Dir vornimmst – und sei es auch scheinbar noch so unmöglich.

Streich das Wort „unmöglich" aus Deinem Gehirn!

Du kannst, was Du willst!

Du mußt nur anfangen, das lodernde Feuer der Begeisterung in Dir anzuzünden. Jetzt weißt Du ja, wie es geht. Je fester Deine Ziele in Dir verankert sind, desto weniger wirst Du Dich davon abbringen lassen. Von nichts und niemandem. Du wirst alles dafür tun, Deine Träume zu verwirklichen, Deine Ziele zu erreichen. Je klarer die Ziele, desto mehr Power wirst Du in Dir fühlen. Auch wenn sich eine große Mauer vor Dir aufbaut und Du glaubst, daß es nicht mehr voran geht, denk daran, daß es immer eine Tür gibt. Du mußt nicht mit dem Kopf durch die Wand. Du hast die Power in Dir, die Dich zum Riesen macht, wenn es darauf ankommt. Das Feuer der Begeisterung wird Dir dabei helfen, die Steine wegzuräumen und die Mauern einzureißen, die

Fühl die Power in Dir, die Dich zum Riesen macht!

sich Dir in den Weg stellen. Alle Großen der Gegenwart und der Geschichte mußten Hindernisse überwinden. Je größer Dein Ziel ist, desto größer werden die Hindernisse sein, desto öfter wird sich Dir das Wort „unmöglich" entgegenstellen. Laß es nicht hinein in Deinen Kopf. Du bist stärker! Und mit jedem Schritt, den Du über Dich hinauswächst, wird Dein Ziel klarer und wichtiger, wird Deine Begeisterung größer. Deine Power macht Dich unbesiegbar.

Damit es einfacher zu verstehen ist: Stell Dir einfach vor, Du bist ein Hürdenläufer. Du kniest am Startblock und schaust nach vorn. Dein Blick ist nicht auf die Hürden vor Dir gerichtet, sondern auf das Ziel, auf die Zuschauer, die dort sitzen und gespannt darauf warten, wer gewinnen wird, um den Sieger gebührend zu feiern. Natürlich willst Du gewinnen, als erster die Ziellinie überlaufen. Die Hürden, die vor Dir stehen, mußt Du überspringen. Aber was glaubst Du wohl, was passiert, wenn Du Dich nur mit den Hürden beschäftigst, mit jedem einzelnen Hindernis? Vielleicht überspringst Du sie elegant, weil Du möglichst gut darüberkommen willst. Aber gewinnen kann nur, wer sich mit dem Ziel beschäftigt. Er wird über die Hürden fliegen, den Blick noch immer fest auf die Ziellinie gerichtet. Vielleicht sieht das nicht so schön aus wie bei den anderen, aber darum geht es einem Gewinner nicht. Was ihm Flügel verleiht, ist das Ziel, nicht die Hindernisse, die sich ihm in den Weg stellen. Hindernisse sind dafür da, überwunden zu werden, Grenzen, um darüber hinauszuwachsen — aber nicht, um sich damit mehr zu beschäftigen als unbedingt nötig, keinesfalls mehr als mit dem Ziel. Das heißt aber nicht, daß man Hindernisse überhaupt nicht beachten soll. Ein Hürdenläufer, der einfach so tut, als seien die Hürden nicht da und nur geradeaus läuft, wird sich weh tun, stolpern, hinfallen — und verlieren. Er muß darüber springen, um gewinnen zu können. Aber vor allem muß er es schnell tun, wenn er die Nummer Eins werden will. Hindernisse muß man also schon beachten, wenn man nicht stolpern und ver-

Achte nicht zu sehr auf die Hürden — das Ziel ist wichtig!

lieren will, aber sie dürfen niemals wichtiger sein als das Ziel, denn sonst lenken sie vom Ziel ab.

Wenn Du einmal vor einem großen Problem stehst – vielleicht weil Du einen Lehrer hast, mit dem Du nicht klarkommst, oder es klappt plötzlich alles nicht mehr so, wie Du Dir das vorgestellt hast – dann versuch, an den Hürdenläufer zu denken. Schau auf Dein Ziel, stell Dir vor, wie schön es wohl wäre, dahinzukommen – und Du wirst merken, wie Dir Flügel wachsen, Flügel, die Dir helfen, Deine persönliche Schallmauer zu durchbrechen und alle Hindernisse und Widerstände zu überwinden.

Du schaffst es, Du schaffst es ganz bestimmt! Denn Du weißt, daß Du kannst, was Du willst.

Notizen

Trainingscassetten von Nikolaus B. Enkelmann

Ein positiver Tag beginnt
Entfaltung der charismatischen Begabung
Schönheit von innen
Ich kann, was ich will
Die unerschöpfliche Energiequelle
Sei du selbst
Werde Sieger im eigenen Leben
Freiheit durch großzügiges Denken
Praxis der Autosuggestion
Zukunftsmeditation
Das Feuer der Begeisterung
Ich werde ruhig und schlafe ein
Glück kommt von „gelingen"
Gesundheit kommt aus der Seele
Ich kann mich gut konzentrieren
Schöpferisches Träumen 1
Schöpferisches Träumen 2
Durch Tiefenentspannung zurück zum Urvertrauen
Raucherentwöhnung
Körperliche und seelische Regeneration
Schlank und sportlich
Melodien zum Entspannen und Träumen
Die Macht des Vorbildes
Durch persönliche Anziehungskraft gewinnen
Vom Umgang mit schwierigen Menschen
Machen Sie sich einen Namen!
Harmonie
Kraftquelle Partnerschaft

 Erhältlich in Ihrer Buchhandlung